um risco atual

(NE O) NA ZI S MO,

À GUISA DE EXPLICAÇÃO

Eliane Pszczol e **Heliete** Vaitsman

“Quando o passado não ilumina o futuro, o espírito vive em trevas”.

ALEXIS DE TOCQUEVILLE

Ainda que os fascismos históricos, que se instalaram na Alemanha e na Itália na primeira metade do século 20, não sejam inteiramente reproduzidos pelos movimentos de extrema direita que têm avançado no mundo nos últimos anos, as comparações são inevitáveis e, em alguns casos, fundamentais. Discursos violentos, até recentemente inimagináveis, se tornaram marcas contemporâneas muito visíveis, amplificados por grupos virtuais e presenciais que procuram “normalizar” a existência de práticas brutais e ideias racistas, xenófobas e/ou misóginas. É claro que cada país reage à sua maneira aos distintos modos de cultuar o ódio e a morte. No Brasil, o que existia de forma quase marginal, envergonhada, passou a ser afirmado aos berros, sob o falso argumento de “liberdade de expressão”, e por meio de ameaças armadas que remetem aos momentos mais trágicos da História recente.

O crescimento dos movimentos neonazistas não aconteceu de repente. Por isso, sinais de alerta foram acionados pela sociedade civil a cada uma das manifestações públicas do presidente da República Jair Bolsonaro (2018-2022) contra os Poderes Legislativo e Judiciário. Ainda assim, a vigilância foi insuficiente e o país o viu elogiar qualidades de Hitler; tirar foto com um sósia do Führer; dizer que o Holocausto deve ser perdoado; receber a deputada Beatrix von Storch, do partido de extrema direita Alternativa para a Alemanha. A lista continua: um secretário especial da Cultura reproduziu, em vídeo, falas e postura copiadas de Goebbels, Ministro da Propaganda da Alemanha Nazista; um assessor especial da Presidência fez um gesto de *white power* em uma sessão do Senado; em uma live, integrantes do governo, incluindo o presidente, apareceram tomando leite puro, um gesto comum entre supremacistas brancos. Essas atitudes, assim como a defesa, proclamada por um comunicador popular, do "direito" de ser antijudeu, não são meros acidentes.

No curso de suas pesquisas, Adriana Dias, antropóloga entrevistada neste livro, descobriu uma carta do presidente Jair Bolsonaro, de 2004, em uma página neonazista, onde agradece o apoio dos internautas que acessavam seu site – acrescentando que eles eram "a razão da existência" de seu mandato. Banners da página levavam-na diretamente ao site oficial de Bolsonaro. O mapeamento de grupos neonazistas brasileiros e estrangeiros na *deep web* vem sendo feito por ela há duas décadas e comprova atividade permanente, inclusive com celebrações de atentados e massacres.

Com a expansão das redes sociais, milhões de pessoas têm à sua disposição uma extensa gama de recursos e ferramentas em plataformas, sites, fóruns e comunidades do universo digital onde proliferam conteúdos falsos, discursos de ódio, incitação à violência. A identificação com os extremos e a recepção acrítica desses conteúdos promoveram a aglutinação em torno de falas nas quais a aversão ao Outro germina e se alastra. A propagação de teorias conspiratórias não se restringe, porém, às redes. TVs norte-americanas de enorme audiência fazem alertas diários sobre imigrantes mexicanos e sul-americanos, dizendo que eles estariam a ponto de tomar o poder e os empregos dos brancos. Em momentos assim, acionamos a memória e "vemos" homens da Ku Klux Klan enforcando rapazes negros acusados de estuprar mulheres brancas, e "ouvimos" os nazistas alertando contra a contaminação da Alemanha por sangue impuro (judeus, negros, ciganos, eslavos), deficientes físicos e mentais e inimigos políticos e religiosos.

No Brasil, agressões a pessoas vistas como "desviantes", em geral LGBTQIA+, acontecem em grandes e pequenas cidades, e muitos dos que as cometem têm símbolos nazistas tatuados no corpo, entre eles o sol negro. Negros, pobres e moradores de rua também são vítimas constantes. Aqui neonazistas não costumam sair às ruas com suásticas (único símbolo nazista de uso punido por lei) pregadas nas roupas ou em motocicletas. Mas são capazes, por exemplo, de construir, em seus quintais, piscinas com desenho formando suástica nos azulejos, ou de portar em manifestações cartazes com a letra grega Sigma, símbolo do movimento integralista brasileiro. Quando grupos de homens brancos se deixaram fotografar, logo após as eleições de novembro de 2022, fazendo a saudação nazista, embrulhados na bandeira verde-amarela, a cena nada teve de espontânea.

Para quem se pergunta "O que é o neonazismo?", ou "Como o nazismo ainda me ameaça?", as entrevistas deste livro são, em seu conjunto, uma ótima resposta. O que um cigano, um homossexual, um negro, uma portadora de deficiência física, uma Testemunha de Jeová têm a dizer sobre o sofrimento infligido aos "diferentes" com a ascensão da extrema direita na Alemanha, nos anos 1930 e, em seguida, com o Holocausto? Discutir o crescimento do neonazismo é relevante no Brasil, que não viveu a Segunda Guerra em seu território, mas acolheu criminosos nazistas?

Para contextualizar os fatos historicamente também recorremos a entrevistas mais conceituais. A riqueza do resultado provém de visões diferentes e até mesmo conflitantes. Um exemplo refere-se ao uso dos termos "fascismo" e "neonazismo". Outra questão interessante é a reflexão sobre a presença do Partido Nazista no Brasil. Os pontos de vista teóricos estão explicitados, cabe ao leitor julgar o que considera mais apropriado. Como afirma o professor Marcio Scalércio, também entrevistado, as ciências humanas se abrem para "um carnaval de significados", ao contrário do que ocorre nas ciências exatas, em que "você usa uma expressão matemática e está resolvido o problema".

Um consenso, no entanto, sobressai: em regimes que se inclinam ao autoritarismo, declarações oficiais e conivência de atores políticos influentes estimulam a truculência e o rompimento de limites. Indivíduos e coletivos extremistas sentem-se autorizados não só a externar sua intolerância — cuja contenção faz parte do pacto republicano nos países democráticos — como passam a planejar atos violentos. Quando se libera o ódio, as consequências atingem todos os grupos sociais, minoritários e majoritários, sem exceção.

A Caixa de Pandora, segundo a mitologia grega, continha em seu interior todos os males do mundo, mas também os dois olhos verdes da esperança. O pensador Zygmunt Bauman, que admitia ser um "pessimista do presente", afirmou que "a imortalidade da esperança" é o que nos mantém vivos ("em oposição à capitulação"). É assim que deixamos vocês: com doze entrevistas — feitas online ou respondidas por escrito — instigantes, instrutivas e inquietantes, tanto para quem desconhece o tema quanto para quem o conhece e quer discutir alguns de seus aspectos com filhos, pais, colegas, amigos e inimigos.

SUMÁRIO

(NE
O)
NA
ZI
S
MO,

"

A língua conduz o meu sentimento, dirige a minha mente, de forma tão mais natural quanto mais inconscientemente eu me entregar a ela. O que acontece se a língua culta tiver sido constituída ou for portadora de elementos venenosos? Palavras podem ser como minúsculas doses de arsênico: são engolidas de maneira despercebida e aparentam ser inofensivas; passado um tempo, o efeito do veneno se faz notar."

VICTOR KLEMPERER_LTI, *A Linguagem do Terceiro Reich*

CONVÍVIO DEMOCRÁTICO E EXERCÍCIO DO DIÁLOGO

conversa com

Bernardo Sorj

"A democracia é fundamental para a proteção da sociedade contra as tendências autoritárias, racistas, machistas e xenofóbicas", ensina **BERNARDO SORJ**, para quem o diálogo, no quadro do convívio democrático, produz melhores resultados do que o confronto, inclusive nos casos de perseguição a minorias – sejam elas raciais, religiosas ou ideológicas. Autor de 28 livros e mais de 100 artigos, professor visitante em universidades e centros de pesquisa na Europa e nos Estados Unidos, atualmente diretor do Centro Edelstein de Pesquisas Sociais, Sorj defende que os intelectuais saiam de suas bolhas cognitivas e participem de um grande esforço de educação para modificar mentalidades: "Minorias fanáticas possivelmente não mudarão. Mas o povo, sim, o povo muda. Ao xingar alguém de nazista, de fascista, você poderá se sentir melhor, pois se demarcou do mal. Mas estará destruindo a possibilidade de criar pontes".

ELIANE PSZCZOL & HELIETE VAITSMAN: Em um mundo onde tudo se volatiliza e se torna descartável, você acredita que a utopia deu lugar à distopia e a solidariedade ao individualismo?

BERNARDO SORJ: É natural que nossa solidariedade se estenda, em primeiro lugar, ao nosso círculo mais próximo e que, a partir daí, ela vá se expandindo, como diz o filósofo Richard Rorty. Não podemos esperar que tenhamos a mesma solidariedade com um familiar e com um vizinho, com um vizinho e com um desconhecido, com algo que acontece em nosso país e com o que acontece em um país distante. Nossos sentimentos de solidariedade, de empatia, de amor, não são simétricos. Em outras palavras, nossos sentimentos não são universalmente distribuídos. A universalidade é um ideal, uma utopia nunca realizável, mas que nos orienta no sentido de expandir nossa sensibilidade diante do diferente e do mais distante.

A utopia não se refere a algo que virá no futuro, enquanto até lá cada um cuida de seu pequeno mundo. Ou algo que, em nome do futuro utópico, justifica crimes no presente, como no stalinismo, que matou milhões de pessoas em nome do futuro ideal. O futuro tem que orientar as ações de nosso presente. A utopia, nesse sentido, deve ser parte de nossa moral cotidiana, conscientes de que nem sempre estaremos à altura de nossos ideais, já que vivemos crivados de contradições.

Temos três alternativas: (1) ou vivemos em um presentismo – "está vendo, está tudo errado, liberou geral e eu também quero sobreviver", e se cai no amoralismo; (2) ou justificamos, em nome do futuro, uma conduta imoral no presente, levando a que o futuro ideal nunca se realize, porque você hoje faz o contrário do que ele preconiza; ou (3) entendemos que o futuro nunca estará nas nossas mãos, mas procuramos, através de nossas ações, nos aproximar daquilo que consideramos correto e bom.

Sou reformista, porque o pensamento revolucionário cai sempre em um moralismo que justifica tudo em função de um momento futuro, a revolução, que depois de realizada, prossegue destruindo os "inimigos". Estes sempre existirão, pois a discordância é parte da vida social. Entendo o reformismo não como atitude de acomodação, pelo contrário, ele é a única forma de avançar princípios morais dentro da convivência democrática.

EP&HV: Regimes autoritários, populistas, têm permitido a ação de grupos neonazistas e antissemitas, tanto no Brasil como em outros países. Como lidar com essa realidade, inclusive em razão da legitimidade dada a eles pelo voto?

BS: Não gosto da expressão "populismo", usada na para desqualificar políticos que fazem promessas e com os quais não concordamos. O que existe são lideranças, partidos e movimentos sociais autoritários que procuram fragilizar e destruir a democracia. Em geral, é um processo lento de fragilização das instituições democráticas, e não é um golpe de Estado ou uma revolução. Todos eles são antissemitas? Não, não necessariamente. Pinochet não era, ou pelo menos não praticou atos antissemitas. Obviamente isso não faz com que me oponha menos a ele. Apenas aponto que não é algo inerente ao autoritarismo, seja de direita ou de esquerda.

O que, sim, podemos afirmar é que a democracia é o único regime que protege as minorias – incluindo os judeus. Então, em primeiro lugar, é importante sempre lembrar que a democracia é a principal defesa contra qualquer forma de perseguição de minorias, sejam elas raciais, religiosas ou ideológicas. A democracia é fundamental para a proteção contra as tendências autoritárias, racistas, machistas e xenofóbicas, que estão sempre presentes na sociedade. É verdade que há uma certa afinidade entre tendências ideológicas de extrema direita e antissemitismo. Essa afinidade tem a ver não com os judeus enquanto tais, mas com a base do discurso da extrema direita. E qual é essa base? É o nacionalismo xenofóbico. A criação de uma ideia de pátria ideal, pura, que tem de se proteger das influências "estranhas". Essa ideia de pureza, de um ideal de nação que está sendo maculada por influências diversas — sejam os negros, que não são parte da cultura branca ocidental, sejam os ciganos, na Europa oriental, sejam os judeus — está sempre presente como risco nos regimes autoritários da extrema direita.

O discurso de extrema direita alimenta grupos de ódio, seja contra grupos ideológicos, orientações sexuais, minorias históricas, como os judeus. Grupos que conspiram para "destruir a nação". A extrema direita não necessariamente é antissemita, mas sua lógica alimenta a formação de grupos racistas no seu interior e alguns desses grupos certamente têm os judeus como alvo preferido. Isso aconteceu nos Estados Unidos, e está acontecendo no Brasil. Se Trump é ou não antissemita é, na verdade, irrelevante. O discurso dele acaba por alimentar grupos antissemitas. Não sei se Bolsonaro é antissemita, mas a lógica de seu discurso favorece a formação de grupos "purificadores", muitas vezes antissemitas. Qual é o poder desses grupos e seu potencial de crescimento é uma pergunta em aberto.

No caso de setores de esquerda, o antissemitismo relaciona-se com uma visão que associa os judeus com plutocracia, e, mais recentemente, com o apoio dos Estados Unidos ao Estado de Israel. Eles tratam os judeus como um grupo monolítico que apoia a política do governo israelense, enquanto Israel é reduzido a um instrumento dos Estados Unidos. Obviamente que criticar as políticas dos governos de Israel não significa uma postura antissemita, mas apoiar grupos que defendem a destruição do Estado de Israel, sim.

A extrema direita, assim como a extrema esquerda, transforma a política em guerra, ou seja, quem não está conosco é inimigo, e o inimigo tem que ser destruído. Essa é a base da prática política dos extremismos, um ideal de pureza da nação ou da classe social, que é promovida pelo Estado autoritário, e todos aqueles que são caraterizados como impuros devem ser eliminados.

No caso de judeus apoiando Bolsonaro, trata-se de um tema inflado por alguns veículos de imprensa e por políticos, como Ciro Gomes, que promoveu uma visão conspiracionista dos "sionistas" favoráveis a Bolsonaro. Certamente esse apoio pode chocar, mas ao mesmo tempo é fundamental lembrar que os judeus não constituem um grupo homogêneo e monolítico. Como qualquer outro grupo, possuem várias identidades, em particular aquelas das diversas classes e grupos sociais aos quais pertencem e os levam a apoiar políticos que eles acham que representam seus interesses.

EP&HV: Você é contra o uso da palavra neonazista para designar grupos e pessoas? Seria uma palavra que força certas situações?

BS: Essa é uma boa questão. Quando as pessoas falam que Bolsonaro é nazista, do ponto de vista estritamente histórico, está errado, ele não é nazista. Alguns dirão que "Não é hoje, será no futuro". Não sei o que irá acontecer no futuro. Ele tem tendências que o associam ao fascismo, como a apologia à violência, o machismo virulento e o autoritarismo. Do ponto de visto histórico, o fascismo e o nazismo são fenômenos diferentes, assim como o franquismo e o fascismo também foram fenômenos diferentes. Na Segunda Guerra Mundial, houve uma aliança entre a Itália e a Alemanha, e então se passou a falar de nazifascismo. A aliança foi um erro histórico, que a Mussolini custou a vida. Franco se manteve neutro e ficou mais de vinte anos no poder depois da guerra. O nazismo foi o fenômeno particular de uma ideologia orientada por princípios racistas que se propunha a exterminar todos os grupos considerados impuros.

O antissemitismo é parte da lógica do fascismo? Não. Aliás, a amante e principal financiadora de Mussolini era judia e ele nunca viu problema nisso, até se aproximar da Alemanha nazista. Não há em Mussolini, até a ascensão do nazismo, uma ideologia de pureza da raça. Há um nacionalismo italiano, expansionista, mas não uma ideologia racista, fora dos componentes comuns na época, marcada por sonhos imperialistas dos países europeus. O racismo estava presente na maioria dos autores do final do século 19 e início do século 20, inclusive na esquerda. A palavra raça era utilizada comumente.

O nazismo foi uma ideologia que rompeu visceralmente com a tradição iluminista, já que desumanizava e destruía não só seus oponentes políticos, mas todos aqueles que eram definidos como não pertencentes à raça ariana. Hitler é alguém que se encontra fora da compreensão de nossas categorias normais de entendimento da vida política. Já Mussolini aplicou, em seu sistema de repressão, uma lógica política que tinha a função de fazê-lo permanecer no poder. Então fascismo não é nazismo. Com o tempo, como produto da aliança na Segunda Guerra Mundial, ambos passaram a ser fusionados. No discurso e na prática do bolsonarismo, existem muitos elementos que o aproximam do fascismo e certos comentários racistas evocam elementos do nazismo. Entendo o uso político do adjetivo nazifascista para definir Bolsonaro, certamente ele defende posturas protofascistas, mas, do ponto de vista histórico, considero excessivo dizer que ele é nazista. Alguém poderá replicar que estou sendo rigoroso demais, mas precisamos ter cuidado com as palavras. Caso contrário, corremos o risco de desvalorizá-las e banalizá-las, e quando as piores coisas acontecerem, já foram gastos todos os adjetivos possíveis. É importante usar o adjetivo certo na hora certa.

O risco é a banalização do nazismo. Algo que infelizmente está muito disseminado, inclusive no interior da comunidade judaica, utilizado para criticar oponentes, ou, na política israelense, em que não é incomum usar a palavra nazista para deslegitimar os adversários. Devemos lembrar que Rabin [Yitzhak Rabin, primeiro-ministro de Israel assassinado em 1995], antes de ser morto, aparecia em cartazes com o uniforme da SS nas manifestações da campanha eleitoral de seu adversário. O termo também é usado como xingamento por colonos israelenses quando o exército de Israel evacua algum assentamento.

O centro do debate político deve ser entre democracia e autoritarismo, lembrando que os autoritarismos de esquerda e direita muitas vezes se encontram. Quando, por exemplo, Bolsonaro afirmou, para fins políticos, que o nazismo era de esquerda, estava errado, pois Hitler apoiava o capitalismo. Mussolini, em certo momento, disse "Viva o mercado", pois achava que era preciso se aliar à burguesia. Mais tarde começou a nacionalizar boa parte da economia, porque não tinha nenhum tipo de princípio, a não ser o de se manter no poder. E se, para manter o poder, é preciso nacionalizar, você nacionaliza, se é preciso distribuir, você distribui. Hoje a China promove o capitalismo. A lógica da extrema direita, mas também da extrema esquerda, é a lógica de se manter no poder a todo custo. O último ato político de Mussolini, quando teve que fugir e foi protegido pelo exército alemão, já no norte da Itália, foi tentar entrar em contato com o Partido Comunista para fazer uma aliança e criar a República Social Fascista Italiana, em aliança com os comunistas.

A questão é: tomamos como ponto de partida a realidade efetiva ou defendemos palavras que evocam ideologias políticas? É preciso analisar o que é feito concretamente, e não é o fato de se definir como esquerda ou direita que faz com que uma postura política seja aceitável. O que vale é sua prática política, e não declarações. O PT, em 2007, celebrou um acordo de partidos irmãos com o Baath [Partido Socialista Árabe Baath da Síria]. O Baath comandava um regime autoritário criminoso, policial, que assassinou milhares de palestinos e curdos. Mas o programa do partido dizia que ele era socialista. Então, socialista é a palavra mágica que faz com que a pessoa ou o partido seja seu amigo, independentemente do que fazem na prática.

EP&HV: Você acredita que no Brasil não há risco de um extremismo neonazista ou fascista?

BS: Com certeza existem os grupos neonazistas, e não há dúvida de que têm aumentado muito. O governo Bolsonaro, pelo seu discurso e pela promoção da violência como instrumento político, incentivou esses grupos, que têm de ser denunciados e combatidos sempre.

Mas não se pode amalgamar tudo e dizer "o governo Bolsonaro e seus apoiadores são todos nazistas". Há que haver um certo cuidado, inclusive para tentar separar grupos que apoiam Bolsonaro de grupos nazifascistas. Parte da base de Bolsonaro é composta por evangélicos e eles não são nazistas. Portanto, dizer que todos os apoiadores de Bolsonaro são pró-nazistas é errado em termos de rigor sociológico e político. Esse reducionismo acaba, inclusive, por afastar pessoas com as quais devemos dialogar. Muitos eleitores do primeiro governo de Bolsonaro não votaram nele de novo. Isso significa que eram nazistas e deixaram de ser? Não, eles nunca foram nazistas.

Se um evangélico é contra a homossexualidade, você diria que ele é neonazista porque os nazistas perseguiram os homossexuais? É lógico que não. Dentro da própria comunidade judaica temos grupos ultraortodoxos que, desde nosso ponto de vista, são homofóbicos e misóginos.

Dentro de uma lógica de luta política, o importante é identificar, de modo claro, quem é o inimigo principal, isolá-lo e combatê-lo. Fora disso, é preciso tomar cuidado quando denunciamos como neonazistas aqueles de quem simplesmente não gostamos. Porque, do contrário, entraremos no terreno das *fake news* e da banalização da linguagem que destroem o espaço público democrático.

EP&HV: Com a pandemia da covid-19, houve quem comparasse, na Europa e nos Estados Unidos, as restrições sanitárias à perseguição aos judeus no Holocausto. Movimentos neonazistas e antissemitas se aproveitaram desse momento de crise para voltar ao bode expiatório do passado?

BS: Não. Nesse caso em particular, embora fira a sensibilidade judaica, a maioria desses grupos não estava sendo antissemita ou neonazista, e sim oportunista e irresponsável. Usavam um símbolo de opressão – os campos de concentração e a estrela de David amarela – para dizer que eram vítimas, como já foram os judeus. Eles se apropriaram de um símbolo, produto de um contexto histórico, para afirmar que "nós estamos virando os judeus do século 21". Nessas manifestações não participaram somente grupos de extrema direita, mas também de extrema esquerda e LGBTQIA+, como mostram os vídeos.

As manifestações não tiveram, em si, nada a ver com antissemitismo, ainda que os símbolos usados representem uma violência histórica, pela falta de paralelismo. Nem por isso se trata de afirmar que nós, judeus, temos o monopólio do uso dos símbolos associados ao Holocausto.

EP&HV: Se existe uma apropriação dos símbolos, isso não significa uma banalização?

BS: Existe banalização, infelizmente, de parte de todos os atores políticos. O importante é não termos um *double standard*. Nós, judeus, deveríamos ser os primeiros a não banalizar o Holocausto, pois se nós podemos, por que o outro não pode? Não se pode usar sobre os outros um critério que não usamos para nós mesmos.

Recebo muitas críticas por essa postura. Penso que o intelectual que fala aquilo que as pessoas querem ouvir deixou de ser um intelectual. Max Weber tinha uma frase de que gosto muito, dizia que estudava para ver quanta verdade ele era capaz de suportar. É óbvio que a verdade – no sentido de você estar disposto a renunciar a seus preconceitos e afetos para ampliar sua visão de mundo – pode chegar a ser insuportável. A verdade não como algo absoluto, mas como disposição de abrir mão dos mecanismos de defesa, dizer e procurar ir além das bolhas cognitivas e emocionais. O papel do intelectual é sair da zona de conforto, ao mesmo tempo que dialoga com o senso comum. Porque o intelectual que se fecha no seu mundo, numa caverna onde só ele mora, se torna irrelevante: vive com suas verdades, às vezes pouco compreensíveis, e que se apresentam como absolutas. O papel do intelectual é tirar as pessoas da zona de conforto, que não é a zona da imoralidade, mas da amoralidade, onde as pessoas vivem com suas crenças, não questionando, se acomodando, aceitando o que convém e deixando de lado o que não convém.

O papel do intelectual é expandir os horizontes de percepção da realidade, tirando as pessoas de posições nas quais se acomodaram. E a acomodação pode ser de direita, esquerda ou centro, é possível se acomodar em qualquer posição ideológica. O intelectual deve estar disposto a pagar o preço de não ser "popular". No caso da comunidade judaica, o preço é ser boicotado por parte das instituições. Por sorte, não vivemos mais no século 17 e não temos mais o destino do filósofo Baruch Spinoza, que era provocador e foi expulso da comunidade judaica.

EP&HV: Nazismo, neonazismo, antissemitismo, são coisas diferentes?

BS: Certamente há grupos chamados de neonazistas e muitos deles são nazistas mesmo, no sentido de se identificarem em gênero, número e grau com a ideologia nazista. Esses grupos existem e, dependendo do lugar e da região onde estão, escolhem um inimigo preferido, mas são todos claramente neonazistas. No entanto, está errado dizer, por exemplo, que hoje o *Rassemblement National* (Reagrupamento Nacional), partido de Marine Le Pen, na França, é neonazista. Por uma lógica eleitoral, ele foi limitando as posições mais extremistas, até eliminando-as, e deixou de ser um partido com vocação fascista, claramente antissemita e com componentes neonazistas, como era o caso na época do pai de Marine, Jean-Marie Le Pen.

Por isso não se pode generalizar e afirmar que são todos neonazistas. Nesse caso, fica-se meramente no embate político e deixa-se de entender a realidade, chamando todo mundo de quem não se gosta de nazista, populista, comunista, e assim por diante.

No Brasil existem grupos neonazistas? Certamente. A relevância deles é grande? Eu diria que estão crescendo e apresentam um perigo cada vez mais real. O neonazismo não surge do nada. O nacionalismo extremo, xenofóbico e racista se alimenta do nacionalismo normal. Não há um ponto exato em que se diz, "isso aqui é bom e aquilo ali é ruim". Há caminhos que desembocam em situações que, para nós, são inaceitáveis. Torcer pelo Flamengo é legal, mas jogar garrafas ou usar a violência contra torcedores de outro time é errado.

É parte da lógica do grupo construir comunidades com valores positivos, construtivos – como pode ser o nacionalismo –, mas que, em circunstâncias determinadas, degringolam e resultam em formas xenofóbicas e de ódio ao diferente. É fundamental educar para que as identidades coletivas não degenerem. Os grupos neonazistas se alimentam de elementos que estão presentes na sociedade, em todos nós.

EP&HV: Pesquisadores que estão mapeando os grupos neonazistas no Brasil têm constatado um aumento no número de seguidores. De que maneira as pesquisas podem nos ajudar a entender o que está em jogo e qual é o risco?

BS: Certamente é um trabalho importante. Mas o ponto de partida deve ser o uso de conceitos claramente definidos. Vi pesquisas que definem como nazista qualquer atividade de grupos que apoiam Bolsonaro. Acho que é uma extrapolação errada.

Penso que tão importante quanto denunciar é se esforçar para abrir o diálogo com grupos que apoiam Bolsonaro. Pois quando você se fecha, fortalece o fechamento do outro lado. Esse é, inclusive, o objetivo das *fake news*, ou seja, não apenas aumentar o fechamento cognitivo e emocional dos apoiadores como produzir as mesmas consequências no lado oposto, destruindo as possibilidades de intercâmbio de opiniões.

Sou diretor do Centro Edelstein de Pesquisas Sociais e darei um exemplo do que tentamos fazer em conjunto com a Fundação Fernando Henrique Cardoso. Produzimos um programa de vídeos, que se chama *Fura Bolha*, em que atingimos mais de 30 milhões de visualizações. No primeiro programa, trouxemos Marcelo Freixo e Janaína Paschoal e continuamos trazendo pessoas que pensam diferente. Não se trata de cultivar a expectativa de que os participantes dos vídeos mudem de posições, mas de mostrar que é possível que pessoas com ideias opostas conversem de forma civilizada. Devemos defender, sempre que possível, a conversa, o argumento. As redes sociais são destrutivas do diálogo. E se existe uma palavra que humaniza todas as relações sociais, seja na família ou na política, é diálogo. A prioridade, então, é fomentar uma cultura de diálogo.

É preciso tomar muito cuidado com tudo aquilo que destrói as possibilidades do diálogo. Há, contudo, um limite: existem situações que você deve denunciar e enfrentar. Posso dar como exemplo um caso que vivi em Israel. Havia, na Universidade de Haifa, um grupo fascista de judeus israelenses que batia nos árabes. Fui falar com um professor, Theodor Shanin, e perguntei, "o que a gente faz? A gente tenta conversar com eles?". E ele disse "olha, Bernardo, por tudo que vivi na Segunda Guerra Mundial, aprendi uma coisa: quando um fascista usa a violência, você tem que se proteger, se preciso, usando também a força física". E eu também agregaria todos os instrumentos do arsenal jurídico.

Não estou propondo a violência, que não se aplica às condições atuais, pelo contrário, é o que extremistas querem, disseminar violência para gerar caos e justificar a intervenção das Forças Armadas. É preciso tomar muito cuidado, o que não significa que afirmações racistas, antissemitas, homofóbicas não devam ser denunciadas e combatidas. Não podemos esquecer que os extremistas são sempre minorias. A história política é feita por minorias. A população vai atrás de uma posição ou outra. Nosso objetivo não é apenas o de debater com as minorias fanáticas, porque possivelmente elas não mudarão. Mas o povo, sim, o povo muda. E com o povo nós nunca podemos partir para o xingamento. Ao xingar alguém de nazista, de fascista, durante uma conversa, você poderá se sentir melhor, pois se demarcou do Mal. Mas, ao mesmo tempo, estará destruindo a possibilidade de criar pontes. O desprezo é sempre ruim, é ruim para a democracia e ruim para as relações humanas. Em geral o que é bom para as relações humanas, é bom para a democracia. Se você quer ser respeitado, você tem que ouvir.

Não se trata de um moralismo vazio, mas da convivência democrática como uma prática constante de educação, de nós mesmos e dos outros. Há pouco tempo, no Uruguai, houve um plebiscito sobre um conjunto de leis. Em um debate televisivo, discutiram de um lado, o presidente do recém-criado partido de extrema direita e ex-chefe das Forças Armadas; e do outro, um dirigente do Partido Comunista. O debate foi uma aula de civismo, com o uso de argumentos e contra-argumentos, nenhuma desvalorização das partes em nome de ideologias ou de características pessoais. Isso é democracia. O que fazem os grupos extremistas? Eles procuram destruir as bases da convivência, demonizando o opositor e eliminando o debate de ideias.

Enfim, minha mensagem é a seguinte: as ideologias autoritárias, para além do perigo que representam, também podem configurar uma oportunidade de olhar para nós mesmos e procurar entender quais de nossas atitudes levam ao fortalecimento de uma cultura de intolerância. Devemos lembrar que os extremistas trazem à tona e alimentam nossas piores tendências e nos levam a procurar refúgio em bolhas dentro das quais nos sentimos seguros, mas que nos fecham ao diálogo.

(NEO)NAZISMO,

"

Nunca houve um documento da cultura que não fosse simultaneamente um documento da barbárie. E, assim como o próprio bem cultural não é isento de barbárie, tampouco o é o processo de transmissão em que foi passado adiante. Por isso, o materialista histórico se desvia desse processo, na medida do possível. Ele considera sua tarefa escovar a história a contrapelo."

WALTER BENJAMIN_*Teses sobre o conceito de história*

CIVILIZAÇÃO X TREVAS, HISTÓRIA X FICÇÃO

conversa com
Márcio Scalercio

Não há alternativas no cenário brasileiro: ou se toma posição firme diante da realidade ou "vamos para as trevas absolutas e esse esgoto que se abriu nunca mais vai fechar"— a afirmação é de **MARCIO SCALERCIO**, doutor e docente do Instituto de Relações Internacionais da PUC-RJ, especialista em Historia militar e estudioso do chamado entulho autoritário no país. Nossa transição para a democracia foi superficial, sem discussão adequada do papel das Forças Armadas e das polícias, explica ele, e a ultradireita teve espaço para se consolidar, contando hoje com lideranças interligadas internacionalmente. Ainda que sem o partido e os grandes movimentos de massas do fascismo, essa ultradireita tem atitudes fascistas e nazistas no cotidiano e na política e é preciso combatê-las por meio de narrativas calcadas em fatos, não com ficção travestida de História. "O que está em risco é a vida civilizada, o conceito de tolerância que emergiu no século 17", completa, dando como exemplo a invasão do Capitólio, em Washington D.C. , em janeiro de 2021, por grupos violentos.

ELIANE PSZCZOL & HELIETE VAITSMAN: O Brasil corre o risco de fascistização? O bolsonarismo, com penetração nas áreas mais diversas, deixa uma herança fascista?

MÁRCIO SCALERCIO: A controvérsia está posta. Prefiro dizer que no Brasil, como em outros lugares do mundo, estamos passando por um fenômeno de avanço da ultradireita, o que não é exatamente fascismo. Essa é a primeira questão a pensar. Há cerca de quatro anos, o cientista político e professor Wanderley Guilherme dos Santos (1935-2019) teve uma discussão dura comigo sobre isso. Ele se negava, peremptoriamente, a chamar o fenômeno bolsonarista de fascismo. Cabe a pergunta: "Cadê o partido fascista? Cadê as organizações partidárias?" Sabemos que, do ponto de vista político-partidário, o bolsonarismo é uma piada. Então, por um lado, não podemos dizer que o que acontece no Brasil seja um movimento fascista, e sim que é muito mais um movimento de ultradireita com características próprias. Por outro lado, há quem considere que, ainda que não seja um fascismo típico, há a ocorrência de situações fascistas. Essa interpretação é livremente baseada em uma espécie de decálogo, publicado na internet várias vezes, com as posições do filósofo italiano Norberto Bobbio, que afirma existir fascismo sempre que se fala muito de religião, se insiste no uso da violência, se faz um elogio às armas, se é intolerante em relação às minorias.

A segunda questão é pensar quais aspectos específicos ao processo político brasileiro nos trouxeram à situação atual. Há um enorme entulho autoritário no Brasil, que vem de muito tempo, e também um problema-chave que diz respeito a como saímos do regime militar para o democrático. Nossa transição para a democracia foi superficial – as Forças Armadas e as polícias passaram pelo processo constituinte praticamente intocadas, como se esse assunto fosse uma competência exclusiva de militares e policiais. E sabemos que, em sociedades verdadeiramente democráticas, as Forças Armadas e as polícias são assuntos, em primeiro lugar, da sociedade civil. O papel delas nunca foi discutido adequadamente. Na situação atual, temos militares e policiais militares estaduais em funções tradicionalmente ocupadas por civis no âmbito federal e em alguns governos estaduais. Não me parece adequado.

O problema da ultradireita é mundial; o entulho autoritário é coisa nossa. Mas nós não o trabalhamos como deveríamos. A última oportunidade que tivemos foi a Constituinte de 1987-1988. Não conseguimos. Depois tivemos dois governos do Lula, e ele estava atrás da governabilidade, portanto não mexeu em algumas coisas. Dilma Roussef teve o segundo mandato interrompido, e fazer política não era o seu forte.

EP&HV: Você acha, então, que rótulos (fascismo, nazismo, neonazismo, neofascismo) são inadequados para abordar os fenômenos que conhecemos?

MS: Acho importante ter cuidado com os conceitos, eles têm significado. Especialmente nas ciências humanas, onde é grande a possibilidade de haver "um carnaval de significados".

Nas ciências exatas, você usa uma expressão matemática e está resolvido o problema; nas ciências humanas, não é bem assim. Sem sombra de dúvida, existe um movimento neonazista na Europa, nos Estados Unidos, na América Latina. Em 2022, no México, um idiota se casou vestido com uma farda da SS; há no Brasil um palhaço bolsonarista que anda com uma cruz de ferro – condecoração militar alemã que para muitos remete ao nazismo – e tem bigodinho como o de Hitler. O neonazismo, porém, não é um movimento de massas.

Uma quantidade grande de admiradores do projeto bolsonarista rejeitaria a ideia de que são fascistas. O movimento fascista, nos anos 1920-1930, era um movimento de massas em que as pessoas usavam uniforme e batiam no peito dizendo que eram fascistas, cantavam músicas, marchavam pelas ruas, entre outras coisas. Mas o bolsonarismo, como movimento de massas, não é um movimento fascista, e sim de ultradireita. Aqui o máximo que acontece é o pessoal se manifestar na praia de Copacabana vestindo camisa da seleção brasileira. As pessoas se sentem atraídas e fortalecidas por discursos que não são razoáveis, mas, inegavelmente, algumas das coisas de que elas reclamam são razoáveis e fazem parte deste tempo muito complicado que estamos vivendo.

Na esfera superior, o Poder Judiciário tem servido como contraponto, embora seja um grupo dentro do Estado que se encheu de privilégios e de "não me toques" na época da transição, que conquistou espaços extraordinários naquela época. O mesmo ou pior pode ser dito na dimensão estadual. Mas é o que temos para hoje.

EP&HV: O mapeamento de grupos neonazistas, na Europa, nos Estados Unidos e no Brasil, indica uma progressão nos últimos anos. Esse avanço deve nos preocupar?

MS: Isso é, sim, motivo de muita preocupação, pois estamos vivendo em um período de maior intolerância, de menos paciência e de grupos sociais que se sentem agredidos, achando que estão perdendo espaço. O crescimento de grupos neonazistas é claramente visível, muito ajudado pela situação não só no Brasil, como quase no mundo inteiro. Na invasão do Capitólio (janeiro de 2021), em Washington D.C., vimos pessoas trajadas com símbolos nazistas e fascistas. Não sei nem se o sujeito percebe exatamente o que está fazendo, se sabe o que aquilo significa. Lembro o Millôr Fernandes dizendo que "o problema da burrice é que ela não dói".

Há brancos norte-americanos que se sentem ameaçados por movimentos como o *"Black Lives Matter"*, e com beijos entre mulheres ou entre homens na televisão. Sentem que estão perdendo o controle do país, que os estrangeiros e os imigrantes irão tomar conta de tudo. E a manipulação do medo é uma maneira de expandir influência e angariar poder, pois existem os que estão manipulando esses sentimentos com o fito de tirar vantagem. Esse oportunismo está mais localizado nas lideranças do que nos grupos de massa, com o agravante que as principais lideranças da ultradireita estão articuladas e interligadas internacionalmente, têm organizações, fazem palestras, seminários.

O que quero reforçar é que a ultradireita pode vir a ser, mas não é, um movimento de massas. É menos identificada com a ideologia fascista, porém defende teses que unem setores da comunidade evangélica, setores conservadores da Igreja católica, parte da comunidade judaica, setores da classe média, parte do Judiciário, parte considerável das Forças Armadas, das polícias militares. Marx já dizia que a história só se repete como farsa ou como tragédia. Trata-se de um problema do nosso tempo, por isso eu chamo de ultradireita. Por um lado, eles querem desregulamentar tudo, têm um discurso privatista, de livre mercado, querem vender tudo, a Petrobras, a Eletrobras, a minha avó... Bolsonaro não tinha esse perfil quando deputado, era estatista. Ele assumiu esse perfil livre cambista porque é um oportunista, muitos dos seus adeptos são livre cambistas.

Essa é uma linha da ultradireita, não tem a ver com o fascismo dos anos 1920-1930, que era pesadamente estatista. O nazismo também era estatista, ainda que houvesse uma aliança do Partido Nazista com as grandes corporações privadas alemãs. Hitler nunca quis estatizar a Krupp, a Siemens, ou outras corporações alemãs, o que havia era uma aliança. Em 1934, Hitler assegurou aos grandes empresários que não estatizaria nada. Seus dois elos de ligação com esse empresariado eram Hermann Goering [fundador da Gestapo e ministro de Hitler] e Hjalmar Schacht [presidente do Banco Central Alemão durante a hiperinflação e ministro da Economia do III Reich (1934-1937)]. No primeiro ano de governo de Hitler, Schacht era banqueiro – foi ele quem apresentou Hitler a esses magnatas. O fascismo italiano era mais estatizante do que o nazismo, ainda que Mussolini também não tenha destruído o setor privado italiano e tenha construído vínculos com o empresariado e com a Igreja católica.

EP&HV: Os Estados Unidos de Trump foram fonte de inspiração para Bolsonaro. Qual a influência dos governos norte-americanos na guinada para a ultradireita?
MS: Donald Trump, quando presidente, desregulamentou muitas coisas, transferiu para áreas estaduais e locais uma série de funções e obrigações que até então eram do governo federal, exatamente para não regulamentar nada. Trump, por exemplo, com todas aquelas características assustadoras, não foi um presidente intervencionista, porque tinha uma visão baseada no custo-benefício: "onde eu acredito que vou ter prejuízo, não quero me meter". Os democratas são muito mais intervencionistas e imperialistas do que os republicanos, percebe-se isso olhando os períodos históricos de cada presidente. Nos Estados Unidos, uma questão importante desde 1919 é a disputa para manter sua hegemonia no mundo. E para isso eles apoiaram os mais ordinários ditadores do planeta. Veja-se o apoio aos militares no Egito – o país é uma tragédia, produziu uma situação inédita na ciência política contemporânea, a transição de um regime militar para outro regime militar. Quando houve a primeira contestação, no âmbito dos Levantes Árabes de 2011, o Ocidente inteiro parou de respirar, apavorado. Quando os militares assumiram novamente o poder, todo mundo respirou aliviado. A história

mostra que, para sustentar seu projeto de manutenção de hegemonia mundial, os americanos podem ser aliados de ocasião, não estruturais.

EP&HV: Fascismo e nazismo se adaptaram aos novos tempos? De que maneira fizeram isso?

MS: O que vai acontecer é que os autores vão optar por aquilo que entendem como mais bem definido. Então, há autores que vão falar de neofascismo, e autores, como eu, que vão falar de ultradireitismo. Porque acredito que é um outro tempo, estamos no século 21. E chamo tanto o fascismo quanto o nazismo de movimentos fascistas. Mas nada proíbe que as pessoas pensem que uma série de ideias de Mussolini e de Hitler sejam boas. Meu raciocínio é o seguinte: um liberal – eu chamo de liberal neodebiloide – desses que é a favor de livre mercado, que aposta na globalização, que passa as férias em Miami, o que esse sujeito tem na cabeça para apoiar um movimento fascista? Isso não deveria fazer sentido em seu raciocínio. Por mais que os sinais de autoritarismo estejam por toda a parte, ele não acha que defende um movimento fascista, ao contrário, ele argumenta que "isso é coisa da esquerda", "uma invenção da esquerda" e, na melhor das hipóteses, vai se colocar como um patriota de direita, conservador. Lembremos que o Brasil teve o movimento integralista, a falta de senso de ridículo já vem daquela época.

Essa é outra confusão, os conservadores são diferentes dos fascistas. Os fascistas eram adversários dos conservadores, assim como também odiavam os liberais.

Os fascistas tinham três grandes inimigos: os comunistas, os socialistas e os liberais. Volta e meia podiam fazer aliança com os conservadores, contanto que estes se submetessem àquilo que eles queriam. O problema é explicar isso para as pessoas, elas não leem, se informam pelo WhatsApp. Vai explicar isso para o tiozão do churrasco, é muito difícil! Anos atrás, quando eu dava aulas na Faculdade Cândido Mendes, cheguei a me envolver com alunos em embates, já que eles fundamentavam suas ideias em teses da ultradireita. É preciso ter cuidado com esses conceitos.

Bobbio ajuda a fazer reflexões nesse sentido, viveu o fascismo, era professor universitário. Depois, quando a Itália se tornou uma democracia ainda que bagunçada, ele dizia: "eu prefiro essa bagunça ao tempo do Mussolini, prefiro que as pessoas furem fila ao tempo do Mussolini". Mas essa é uma situação cheia de pontas soltas. Vejam o movimento do Brexit, na Inglaterra, madame Le Pen, na França, ou os fundamentalistas islâmicos, que são intolerantes e misóginos, ou a Igreja católica conservadora, que está irritadíssima com o papa Francisco. Todos esses cenários precisam ser escrutinados.

EP&HV: A Fundação Shoah, criada por Steven Spielberg em 1994, digitalizou mais de 50 mil entrevistas com testemunhos de vítimas do Holocausto, inclusive no Brasil e na Argentina. Ele disse que sua missão era chegar a todas as salas de aula do mundo para transmitir uma mensagem de tolerância. Está dando certo?

MS: É preciso continuar havendo esse tipo de iniciativa. O tempo vai passando e a hipótese da repetição continua. Basta lembrar as atrocidades que aconteceram na guerra da Iugoslávia, contra os muçulmanos da Bósnia, ou contra os tutsis em Ruanda. Essas coisas podem acontecer de novo. Acho que a humanidade não evolui. A humanidade ou se esquece ou se lembra. Temos que fazer com que as pessoas se lembrem. Há que haver uma guerra constante da lembrança contra o esquecimento. Meu *background* é a história e estou sempre trabalhando essas lembranças com meus alunos. Não há outra opção que não seja o engajamento.

EP&HV: O nazismo deixou marcas indeléveis na memória da Europa, o que não aconteceu no Brasil. Como contar essa história aqui, uma vez que a narrativa da extrema direita é muito mais operante?

MS: Não necessariamente. E ninguém está dizendo que é fácil. Há uma luta política em andamento e as pessoas têm que estar atentas a isso. É cansativo, é chato, mas é preciso disputar o perfil de mundo que se quer, há uma disputa de visões de mundo e temos que nos posicionar. Temos duas opções: ou vamos para as trevas absolutas, e esse esgoto que se abriu não vai fechar nunca mais, ou enfrentamos essa quimera. Espero que as lideranças políticas e as pessoas que têm responsabilidade – e já nem peço que sejam de esquerda – sejam razoáveis. Até isso, contudo, parece que também é muito difícil.

É preciso usar engenho e arte, convencer as pessoas pelo discurso, contar a história para elas. Precisamos dos *story tellers*, de bons contadores de histórias que produzam narrativas calcadas no que aconteceu, e não em ficção ou fantasia, porque essa também é uma particularidade dos movimentos fascistas tradicionais, a transformação da história numa ficção a serviço do projeto político do presente. A Alemanha nazista era cheia de valquírias que gritavam e voavam, o que não tinha nada a ver com o processo histórico propriamente dito. É preciso produzir uma versão que diga respeito ao projeto político de agora.

Temos que ter clareza de estarmos travando um combate. Atualmente o ferramental mais importante desse combate são as redes sociais e a internet, até que isso também comece a caducar. Já foi a televisão, o cinema, o rádio, a multidão em praça pública. É preciso ajustar a forma à ferramenta. Outra questão é não se intimidar diante de um discurso perverso. E, ao mesmo tempo, perguntar: "o que está havendo contigo? O que há de errado contigo? Que Evangelho é esse que defende armas?" Isso tem que ser perguntado para os evangélicos, eles já viram fazer arminha no culto religioso... quem já viu Jesus com uma AK-47? E também dentro da comunidade judaica. "Você está apoiando o Bolsonaro? Você se idiotizou?".

EP&HV: No quadro de neonazismo, o que pensar dos negacionistas, que em geral não se reconhecem como racistas, apesar do discurso antissemita e supremacista?

MS: Isso é muito contraditório, complicado, difícil de classificar. Não é só o antissemitismo que cresce, cresce a islamofobia também. Hoje em dia, temos budistas violentos em

Myanmar, e onde já se viu budista violento? Por um lado, então, o antissemitismo pode crescer ameaçadoramente, em especial se levarmos em conta que vivemos em um tempo de intolerância e de crescimento da intolerância na sociedade. Mas, ao mesmo tempo, a ultradireita não compra, na sua integridade, essa briga. A ultradireita não é antissemita, não se considera antissemita, nem deve saber exatamente o que é isso.

Havendo o crescimento do neonazismo, o antissemitismo ganha força. É por isso que distingo entre neonazismo/nazismo e ultradireita, porque existem setores importantes da ultradireita que vão para manifestações e arvoram bandeiras israelenses, ao lado da bandeira americana. São pró-Israel e acham que são aliados da comunidade judaica. É aquela coisa da direita cristã, que acredita que quando chegar o Apocalipse os judeus finalmente vão se voltar para o cristianismo.

O negacionismo é antigo, ele não é novidade. Está presente, pelo que eu me recordo, desde os anos 1960. Lembro-me do caso da historiadora judia americana Deborah Lipstadt, que foi processada na Inglaterra por David Irving, que não é um historiador profissional, mas é muito lido nos países de língua inglesa, e defendia que o massacre contra os judeus durante a Segunda Guerra Mundial nunca acontecera.

EP&HV: Mas é nos regimes de direita que floresce o antissemitismo.

MS: O antissemitismo cresce toda vez que a sociedade fica mais intolerante. Não é uma particularidade da direita e da ultradireita, está no fundão da história da Europa. Alguns regimes socialistas da Europa Oriental, na época da Guerra

Fria, eram pesadamente antissemitas. Esse não é um fenômeno contemporâneo. Acredito que as minorias, todas elas, os judeus, os muçulmanos, os negros, os LGBTQIA+, ficam sob ameaça grave quando as instituições democráticas se enfraquecem. Então, o ataque às instituições – duvidar das eleições, da justiça das eleições, colocar em risco o resultado, brigar para fechar Supremo Tribunal Federal, querer fechar o Congresso – representa uma ameaça direta a esses grupos. Mesmo sem ter muita coisa em comum, eles precisam compartilhar a pauta de que é preciso defender as instituições, a democracia, enfim, defender a civilização. É isso que falo para os meus alunos: o que está em risco é a vida civilizada, a vida com urbanidade, o conceito de tolerância que emergiu no século 17, produto das guerras de religião.

A primeira tolerância é a tolerância religiosa, e essa questão foi resolvida com o Estado laico. Então, nossa pauta tem que ser a da civilização, e a civilização passa pela defesa das instituições democráticas. Quando se invade o Capitólio, a invasão é um capítulo dessa briga. Na França, as alternativas também são terríveis, mas pelo menos, nas últimas eleições, o governo Macron venceu a Marine Le Pen.

EP&HV: Mudar o modo de pensar da geração que tem mais de 40 anos tende a ser mais difícil. Na escola secundária, na universidade, há mais abertura, inclusive entre aqueles que acreditam na extrema direita?

MS: É tudo muito difícil, a própria classe dos professores também é terrivelmente heterogênea. Entre os mais jovens, não sei dizer, porque esse pessoal não lê. Imagine, nenhum desses débeis mentais lê! Você imagina o Silveirinha [Daniel Silveira, deputado federal-RJ] lendo os dois volumes do *Mein Kampf*? A mensagem está sendo passada pelas redes sociais e grupos de WhatsApp, não pela literatura. "Ah, é proibido publicar *Mein Kampf* no Brasil. Tudo bem, na internet eu posso baixar o PDF de graça". Eu tenho que ter esse livro porque o livro pertence ao meu campo de estudo, que inclui os conflitos militares. Sei exatamente o que eu estou lendo, o que estou fazendo.

Não estou subestimando a força do pessoal que se orienta por WhatsApp, porque é muito mais difícil combater uma pessoa que se informa desse modo. Nesses casos, a luz da inteligência não adianta muito, é preciso tentar puxar a massa majoritária da sociedade para o nosso lado, essa é a saída. E como se faz isso? Reclamando do preço do botijão de gás, reclamando do preço da gasolina, reclamando do preço do alimento, dizendo que o emprego não é de boa qualidade. É assim que se vencem eleições. É a luta da civilização contra a barbárie, é isso o que está em jogo no Brasil.

(NEO)NAZISMO,

"

Sempre houve preconceitos, mas o Holocausto pretendia ter um embasamento científico e esses fatores acenderam vivamente a discussão sobre "embasamentos" de todos os outros modos de preconceito existentes."

ELISABETH ROUDINESCO

ROUPA NOVA OCULTA O VELHO LINGUAJAR NAZISTA

conversa com

Luís Edmundo de Souza Moraes

LUÍS EDMUNDO DE SOUZA MORAES, professor de história contemporânea da Universidade Federal Rural do Rio de Janeiro e doutor pela Universidade Técnica de Berlim, com pesquisas sobre antissemitismo, aposta na disseminação de conhecimento para rebater algumas das informações equivocadas sobre nazistas e nazismo. Uma das fantasias mais gratas aos brasileiros, diz, é a de que o regime hitlerista tentou estabelecer um enclave no norte do país durante a Segunda Guerra Mundial. Outra fantasia, de caráter internacional, é a que nega o assassinato de milhões de judeus em câmaras de gás. Os negacionistas "dependem da ignorância daqueles para quem falam", observa o professor, o que torna ainda mais importante o aprofundamento da compreensão do nazismo para que seja possível reconhecê-lo quando ele aparecer, seja com as mesmas roupas da primeira metade do século 20, seja com uma nova roupagem sobre as velhas ideias de destruição e morte.

ELIANE PSZCZOL & HELIETE VAITSMAN: Como o nazismo estendeu sua influência no Brasil, ainda na década de 1930? A penetração do Partido Nazista ocorreu de que forma?

LUÍS EDMUNDO DE SOUZA MORAES: Para falar sobre a presença do Partido Nazista (NSDAP, Partido Nacional-Socialista dos Trabalhadores Alemães) no Brasil nas décadas de 1920 e 1930, talvez a primeira coisa a fazer seja reconhecer que estamos lidando com um terreno, por assim dizer, minado. Naquela época, muito foi dito e escrito por políticos, policiais e jornalistas, brasileiros e estrangeiros. Esses materiais eram, com frequência, carregados de sensacionalismo, de imaginação e de interesses políticos. E é compreensível que tenha sido assim. Afinal, aqueles eram tempos em que os que tratavam do Partido Nazista eram movidos pelo interesse em enfrentá-lo e, nesse sentido, as imagens altamente distorcidas que circularam publicamente funcionaram como instrumentos de luta.

O problema é que essas imagens, criadas no calor do combate aos nazistas em nosso território, tiveram vida longa e passaram a ser consideradas fontes seguras para falar sobre a presença do NSDAP no Brasil. De fato, muitos trabalhos acadêmicos tomam, sem maiores preocupações, as imagens produzidas e veiculadas nesses tempos.

A partir dos anos 1970, alguns historiadores, entre os quais vale destacar René Gertz, começaram a separar o joio do trigo e ver o que era e o que não era possível ser dito sobre o partido com o material disponível em arquivos alemães e brasileiros. Contudo, é comum encontrarmos velhos e conhecidos mitos reatualizados em jornais e até mesmo em trabalhos acadêmicos recentes.

Um dos importantes mitos que acompanharam vários estudos sobre a Seção do Partido Nazista no Brasil (o *Landesgruppe Brasilien* do NSDAP) diz respeito ao fato de ela ser altamente organizada e politicamente centralizada. A documentação disponível indica exatamente o contrário: um altíssimo grau de descentralização e de desarticulação organizativa e a incapacidade de exercício de uma direção política para todos os núcleos existentes no Brasil durante parte de sua existência. A existência de grupos organizados e reconhecidos pela direção do partido na Alemanha remonta a 1928, mas uma direção política formal para o país só existe a partir de 1934.

Nos primeiros anos, os núcleos construíram-se sem nenhum contato regular ou acompanhamento da direção do partido na Alemanha. Parte importante desses núcleos se constituiu por iniciativa de cidadãos alemães que estavam no Brasil e que, por diferentes motivos, resolveram escrever para o partido buscando contato e solicitando filiação. Pelos registros existentes, não se tem evidência de relações entre os núcleos que foram aparecendo em diferentes estados do Brasil. Mesmo quando se constituiu uma direção centralizada para os núcleos no país, ela era efetiva para um pequeno número de grupos locais. Para grande parte deles, a direção centralizada é somente uma peça formal. Isso indica que falar da Seção do NSDAP no Brasil implica em considerar a diversidade regional como a marca de grande parte de seu período de existência aqui.

Para falar sobre a forma como o partido se construiu em diversos Estados, há um problema praticamente insolúvel, que é a falta de fontes de informação, de documentos. Os poucos casos para os quais dispomos de informações quanto ao crescimento do partido nos dizem que a adesão de pessoas, na sua quase totalidade cidadãos alemães, se deu por motivações muito distintas. Elas iam de razões políticas (adesão ao programa), até as que podemos chamar de sentimentais (a ideia de que o NSDAP representa a "pátria de origem") e pessoais (insistência de um familiar ou amigo). Qualquer afirmação mais geral sobre isso esbarra na insuficiência das fontes e no fato de que não se sabe se os casos disponíveis são representativos do partido como um todo.

EP&HV: Hitler tinha planos para o Brasil caso a Alemanha tivesse saído vitoriosa da Segunda Guerra? Havia um projeto de colonização nazista na fronteira brasileira com as Guianas?

LESM: Esse é um tema frequente quando se fala da presença do Partido Nazista no Brasil. E está associado à ideia de que o propósito do Terceiro Reich era, por meio dos grupos de imigrantes e da ação do Partido Nazista, executar planos de conquista territorial. É um outro exemplo dos mitos criados nos anos 1930 e que foram alardeados na imprensa e em relatórios de polícia nos anos 1940 e acabaram por ter vida longa entre nós.

E, em geral, quando me perguntam sobre planos de Hitler para o Brasil, eu respondo de modo lacônico: se existia algum, ninguém sabe. Na realidade, a única fonte que mencionava planos bem elaborados expostos por Hitler era o livro de Hermann Rauschning *Conversas com Hitler [Gespräche mit Hitler]*, ex-dirigente do NSDAP de Danzig. Ele teria, supostamente, participado de várias conversas com Hitler nas quais esses planos de conquista territorial teriam sido revelados. Contudo, depois de anos em que historiadores desconfiaram de que muita coisa do que Rauschning dizia não fazia sentido, verificou-se, nos anos 1980, que o livro era de fato uma fraude.

Desde a década de 1950, historiadores varreram os arquivos alemães na busca de evidências de que planos dessa natureza existiam e até agora nada relevante foi encontrado. Ao lado de "informações" fabricadas por serviços secretos ou pela diplomacia dos aliados, pela polícia política brasileira e reproduzidos pela imprensa, existem opiniões de militantes de base ou de membros de direções intermediárias que não têm valor como expressão de posições da direção partidária e menos ainda do governo do Terceiro Reich.

Um exemplo disso é justamente o caso mais conhecido, o da chamada "Expedição Alemã Amazonas-Jari" (1935-1937). Ela foi uma expedição científica organizada por Otto Schulz-Kampfhenkel, geógrafo e zoólogo, que percorreu o rio Jari, próximo da então Guiana Francesa. Na medida em que a expedição ficava conhecida, circulavam rumores de que ela seria a prova da existência de planos elaborados pelo Terceiro Reich de anexação territorial do Brasil. A documentação relativa à expedição, bem como diversos de seus desdobramentos nos arquivos alemães, foi estudada em detalhe pelo historiador Igor Gak, que não encontrou nenhum indício significativo que pudesse sugerir que tais planos ou objetivos claros em relação ao Brasil tivessem motivado a expedição ou mesmo existido a partir dela. Em resumo, reitero: não existem fontes documentais relevantes que indiquem a existência de quaisquer planos de Hitler para a ação do Partido Nazista no Brasil durante ou depois da guerra.

EP&HV: E depois da guerra, a presença de nazistas no Brasil teve algum significado em relação a um apoio governamental a essas pessoas, como aconteceu na Argentina?

LESM: Este é um tema pouco estudado. Ainda assim, como em outros casos envolvendo o nazismo e os nazistas, temos também um bocado de especulação sobre tudo o que envolve a fuga de nazistas, criminosos de guerra ou não, da Europa no imediato pós-guerra. Do que conheço, o estudo mais consistente e detalhado sobre o tema é o excelente livro escrito por Bruno Leal sobre o caso de Herbert Cukurs, *O Homem dos Pedalinhos*. Um material de outro tipo é a entrevista dada por Franz Stangl a Gitta Sereny que deu origem ao seu livro *No meio das trevas*. Em ambos os casos, os fugitivos entraram no Brasil com seus próprios nomes, com vistos legais e não há sinais nem evidências de que houve algum tipo de participação do Estado brasileiro em seu acolhimento no país. No caso de Cukurs, sabe-se também que, sem figurar como criminoso de guerra no tempo em que solicitou seu visto e atendendo às formalidades para o pedido, ele recebeu a permissão para entrar no Brasil seguindo os procedimentos previstos. As evidências também apontam para o fato de que, posteriormente, o Estado brasileiro passou a desconfiar de seus antecedentes, o que bloqueou seu pedido de naturalização. Ou seja, dos casos estudados, não há nada até agora que sugira que aqui tivemos algo de longe parecido com o tipo de política de acolhimento de criminosos que foi observada em outros países.

EP&HV: É relevante discutir hoje, no Brasil, o nazismo, sua memória, e o neonazismo? E a memória do integralismo, como contextualizá-la para a melhor compreensão daquele momento? É pertinente estabelecer algum vínculo entre integralismo e nazismo?

LESM: Não tenho dúvida de que sim, é relevante. Discutir o nazismo ou o integralismo não é discutir o passado. É falar, por meio do passado, de um projeto político, de uma concepção de mundo e de valores que nunca deixaram de existir. Falar especificamente do nazismo implica tratar de coisas como o racismo e a ideia de que determinados grupos humanos não merecem viver; significa tratar da ideia de que só por meio do autoritarismo e da hierarquia é possível ter uma sociedade ordenada e da ideia de que um mundo bom é um mundo homogêneo, com a desvalorização de diferenças culturais, de orientação política, de orientação sexual e religiosa, entre outras.

Nesse sentido, vale pensar no nazismo como uma combinação particular de várias coisas que não estão só nele, ainda que, nele, essas coisas tenham se combinado para produzir efeitos inéditos. Refiro-me aqui à especificidade do programa genocida que se materializa a partir de 1941. Se em alguns momentos esses fatos parecem ter deixado o espaço público ou dão a impressão de ter desaparecido, em outros eles ganham mais força e se tornam socialmente mais influentes. Às vezes essa combinação que está no nazismo aparece com as mesmas feições daquilo que vimos no Terceiro Reich. Em outros momentos, o nazismo aparece desfigurado, com alguns detalhes a mais ou a menos. Mas ainda assim estamos falando dos mesmos valores e concepções de mundo que se materializam em projetos políticos de mesma natureza.

É por isso que tenho alguma reserva com o termo "neonazismo". O prefixo "neo" é usado com regularidade ou por razões exclusivamente cronológicas (grupos e partidos que surgem depois de 1945) ou de forma de apresentação (outros tipos de roupas, de símbolos) e não de concepção de mundo ou de programa político, que me parece ser o elemento decisivo para falar de nazismo ou de fascismo. De todo modo falar do nazismo, estudá-lo, compreendê-lo é chave para que possamos reconhecê-lo onde e quando ele aparecer, seja com as mesmas roupas da primeira metade do século 20, ou com uma nova roupagem.

Nesse sentido, o que me parece central é conhecer as peças desse "mosaico" que, repito, nem foram criadas nem desapareceram com o fim do Terceiro Reich. E pensando nisso dessa forma, é possível ver que muitos desses elementos ainda estão no meio de nós e aquilo que em geral é chamado de "neonazismo" é somente uma de suas manifestações, talvez a mais amedrontadora, mas a que tem sido menos eficaz em se afirmar socialmente, mesmo levando em consideração o seu significativo crescimento nos últimos anos.

Talvez o mais significativo seja que em fatias, digamos, "respeitáveis" de nossas sociedades contemporâneas, em especial com o crescimento da extrema direita nos últimos anos, parte dessas ideias e desses valores aviltantes circulem com desenvoltura. E, eu diria, com cada vez mais desenvoltura. Se olharmos com cuidado, conseguiremos ver versões mais bem-comportadas e outras menos comportadas das mesmas peças do mosaico que formaram o nazismo no início do século 20. Algumas pessoas acham ruim, outras nem tanto e outras ainda, por uma razão ou por outra, apoiam. Mas quase ninguém vê nelas algo de tão perigoso quanto uma bandeira com a cruz suástica. E isso me parece, talvez, o mais perigoso: é não nos darmos conta e não ficarmos alertas para os riscos que esses fragmentos do projeto de mundo dos nazistas trazem para uma sociedade que busca ser plural, múltipla e inclusiva.

EP&HV: Qual a origem dos termos negacionismo e revisionismo? Como enfrentar o negacionismo tanto em relação ao Holocausto como a fatos recentes da história brasileira?

LESM: Essas são perguntas que não admitem respostas muito simples. Talvez o melhor caminho para começar a falar sobre isso seja recuperar a invenção do termo negacionismo.

É curioso que até cerca de uns 10 ou 15 anos atrás, a palavra "negacionismo" não só era pouco conhecida como era, em geral, usada quase sempre para falar da negação do Holocausto. Mas isso mudou muito e, hoje, a palavra, que guarda um sentido marcadamente pejorativo, circula com desenvoltura nas redes sociais, nos jornais e em textos especializados, e é usada simplesmente para descrever o ato genérico de negar coisas que são consideradas inegáveis.

Isso significa que o que parece permitir, isoladamente, classificar uma negação como "negacionista" é a coisa negada. Assim, quando se nega que a covid seja uma doença séria, ou quando se nega que em 1964 foi instalada uma ditadura no Brasil ou quando se nega a mudança climática, se está diante de "negacionismo". Mas quando se nega que não existe o tal do tratamento precoce para a covid-19, falar em negacionismo não parece fazer sentido. Ou seja, quando se usa o termo "negacionismo", busca-se estabelecer uma demarcação com o absurdo e deslegitimar o negador. Serve para desqualificar a negação. Serve para deixá-la fora do universo do razoável ou mesmo do racional.

Esse sentido, chamemos assim, "popular" da palavra parece ter se enraizado de tal forma que o termo está sendo usado como estigma até mesmo em círculos bolsonaristas. Lá os bolsonaristas chamam de negacionistas aqueles que negam a eficácia da cloroquina ou de outras formas do dito "tratamento precoce" para a covid-19.

Assim, em muitos dos usos correntes, aquilo que é negado parece ter a propriedade de classificar um ato de negação, pejorativamente, como negacionista. E a consequência disso é que essa atribuição enquadra, em uma mesma categoria, pessoas muito diferentes que, em circunstâncias, contextos e por motivos muito distintos, negam o que está estabelecido como inegável. Mas a palavra não foi inventada para falar do simples ato de negar alguma coisa considerada inegável. Ela foi inventada para descrever um fenômeno social de tipo particular que se expressa por meio da negação. É um dos raríssimos casos em que se consegue identificar o nascimento de uma palavra. O termo "negacionismo" é um neologismo do francês que, depois, passa, de modo desigual, a ser incorporado em outras línguas. Ele veio ao mundo pelas mãos do historiador francês Henry Rousso, em 1987, no livro *A Síndrome de Vichy*.

Ele ficou surpreso com o fato de que, naquele momento, a negação sistemática dos crimes nazistas era tratada por muita gente como "revisionismo", que é a forma como os negacionistas o apresentavam. E isso porque, no campo do conhecimento, a refutação e a revisão são partes integrantes do processo de construção do conhecimento formalizado das ciências e da filosofia. Ou seja, a prática revisionista é uma prática própria da construção do conhecimento e, nesse sentido, ela é positiva.

Mas aquilo que os negacionistas fazem é muito diferente, e Rousso reage a isso dizendo que prefere usar um barbarismo a correr o risco de que se confunda um fenômeno de natureza política ligado à extrema direita com a prática regular de cientistas. Nesse sentido, ele acha necessário criar uma palavra nova, porque a língua ainda não tinha meios de expressar a particularidade de um fenômeno de novo tipo.

O problema do enfrentamento do negacionismo não é um problema simples e, do meu ponto de vista, exige que se tenha clareza sobre aquilo que está sendo enfrentado.

O negacionismo existe em função de uma necessidade política: na medida em que o conhecimento gera prejuízos políticos ou materiais (o conhecimento sobre o genocídio nazista ou o conhecimento sobre os males do tabaco ou sobre a mudança climática, por exemplo), alguns buscam deslegitimá-lo por meio de sua negação. Isso faz com que a negação do conhecimento seja um imperativo: o negacionista precisa negar e nada que se diga pode convencê-lo de que a negação não faz sentido. Assim, o negacionista não pode ser levado a deixar de ser negacionista por meio de argumentos e de provas de que está errado. E ele não tem alternativa. No caso do Holocausto, por exemplo, precisa recusar todas as provas em nome da necessidade política de convencer pessoas de que o extermínio de judeus jamais aconteceu. Ele sempre vai encontrar um meio, até mesmo o mais absurdo e maleável, para continuar a negar. Por isso dialogar com um negacionista é inócuo.

Mas o fato de negacionistas existirem em função de uma necessidade política não é todo o problema. Além de existir, os negacionistas querem ser bem-sucedidos, e seu sucesso significa duas coisas: por um lado, eles precisam ser reconhecidos como pessoas habilitadas e autorizadas a falar sobre o que falam. Em segundo lugar, precisam convencer as pessoas de que aquilo que falam faz sentido e é verdade.

E é aqui que entra o problema de como lidamos com o conhecimento. Dito de forma simples, a falta de conhecimento não está por trás do aparecimento do negacionismo como fenômeno social. Mas é da falta de conhecimento que depende o negacionismo para que seja bem-sucedido e se afirme socialmente. Os negacionistas não são ignorantes sobre o que falam, mas dependem da ignorância daqueles para quem falam.

O negacionismo fala para não profissionais e depende, para seu sucesso, do vazio de conhecimento do público para o qual escreve. A única coisa passível de refutação são suas afirmações perante o público para o qual ele se volta. Nesse sentido, o negacionismo só pode ser combatido retirando--se dele o terreno fértil do qual se alimenta, que é o vazio de conhecimento sobre o passado, ou sobre a mudança climática, ou sobre os malefícios do tabaco ou qualquer outra coisa.

Os desafios propostos pelos negacionistas para todas as áreas de conhecimento são de um tipo específico: que os profissionais se preocupem não somente em produzir conhecimento, mas que também firmem os pés no terreno da sua disseminação pública, em um formato adequado à ampla circulação. A tarefa que o negacionismo nos impõe, em qualquer área atingida por ele, é a de empregar nossa qualificação profissional para, ao mesmo tempo em que produzimos um conhecimento rigoroso, formar pessoas.

(NEO)NAZISMO,

"

O passado é uma roupa
que não nos serve mais."

BELCHIOR

A memória é a consciência
inserida no tempo."

FERNANDO PESSOA

A QUEM SERVE HIERARQUIZAR CORPOS E PESSOAS

conversa com **Adriana** Dias

A eliminação de mais de 200 mil pessoas com deficiência na Alemanha nazista foi considerada desumana apenas em 2008, e nenhuma família jamais recebeu qualquer reparação: é com indignação que o fato é relembrado aqui por **ADRIANA DIAS**, doutora em antropologia social pela Unicamp, ativista pelos direitos das pessoas com deficiência e há duas décadas pesquisadora da trajetória de grupos neonazistas e supremacistas brancos no Brasil. O massacre foi executado por médicos, nazistas militantes ou "isentos", que também levaram a cabo um bem-sucedido programa de esterilização, planejado dentro e fora de universidades, com a justificativa de que as vítimas eram "corpos descartáveis" que não mereciam procriar. A nazificação da sociedade alemã remete Adriana ao discurso pseudocientífico do governo brasileiro durante a pandemia de covid-19 e à certeza de que só projetos educacionais podem alertar contra o teor neonazista das mensagens de ódio hoje divulgadas em redes, como o Telegram e o VK.

ELIANE PSZCZOL & HELIETE VAITSMAN: Segundo Hitler, tempos de guerra são os melhores momentos para eliminar doentes incuráveis. Que tratamento foi dado aos deficientes físicos durante o período nazista?

ADRIANA DIAS: No século 19, surge a ideia da "pureza racial", que antecede à da eugenia. Segundo essa visão, os doentes causavam uma contaminação racial prejudicial à evolução humana. Haveria então a necessidade de eliminar as pessoas que prejudicavam a "pureza racial" por meio da chamada "morte misericordiosa". Odeio esse termo. Isso já acontecia na Alemanha antes da Segunda Guerra Mundial. A ideia da "vida que não merece ser vivida" (*lebensunwertes leben*) tinha sido formulada em 1920 pelo jurista Karl Binding e o psiquiatra Alfred Hoche, mas foi com o nazismo que ela se tornou uma prática comum. Quando Hitler ascendeu ao poder, já havia lido esse e outros autores que justificavam a matança de todas as pessoas com deficiência intelectual, justificativa que posteriormente se estendeu às pessoas com deficiências físicas, surdez e alcoólatras. Ele convocou médicos para promover, nas universidades, debates sobre o tema. Isso mostra como os aspectos raciais e eugênicos eram fortes na ideologia nacional-socialista.

Cerca de 6% dos médicos da Alemanha aderiram ao Nacional-Socialismo, uma porcentagem maior que a de qualquer outra profissão e faixa da população. Ou seja, havia mais médicos do que juízes e advogados dentro da Ordem do Mérito – uma ordem especial conferida pelo Partido Nazista. O nazismo foi o fascismo que levou a questão da raça à última radicalidade. E quando Hitler promulga as leis raciais, em 14 de julho de 1937, ele estabelece que é permitido esterilizar e depois assassinar todas as pessoas que tivessem qualquer problema genético, inclusive os membros de uma família onde houvesse um caso da doença de Huntington, que só se manifesta muito tardiamente, com trinta ou quarenta anos. Essa era uma idade tardia porque à época a expectativa de vida era de cinquenta anos, ou seja, vinte anos a menos que a expectativa atual. É importante enfatizar que todos os familiares precisavam ser eliminados, não apenas o portador da doença. Essa lei incluía também todas as outras doenças genéticas incuráveis, ou seja, tudo que significasse algo que pudesse contaminar a raça. Ao todo, foram esterilizadas 400 mil pessoas, 200 mil mortas no primeiro programa, além de mais de 5 mil mortos durante o processo de esterilização.

Pessoas com deficiência passaram por várias formas de eliminação. Primeiro foram mortas com tiros e injeções letais. Mas, para não envolver os médicos, passaram a usar o gás em kombis. As pessoas eram colocadas em kombis que circulavam pelas cidades enquanto eram mortas com gás. Nós, deficientes, fomos o laboratório das câmaras de gás, o laboratório do Holocausto. As famílias dos mortos recebiam cartas dizendo que eles tinham morrido de pneumonia, de gripe, quando na verdade eles tinham sido assassinados, ou esterilizados e mortos no processo.

Isso já acontecia na Alemanha antes de começar a Segunda Guerra Mundial. E, durante a guerra, Hitler continuou com a ordem de esterilizar e eliminar as pessoas, mas agora transportando-as para campos de concentração.

EP&HV: O assassinato por gás do doente mental negro, Genivaldo de Jesus Santos, em maio de 2022 em Sergipe, dentro de um carro policial, evocou a execução dos deficientes nas câmaras de gás da Alemanha Nazista. Você vê ligação entre esse tipo de crime e as convicções neonazistas?

AD: Vejo a ligação porque se tratou de uma questão crucial em Berlim, com as kombis carregando pessoas com deficiência e colocando gás para que morressem ali dentro. Em Sergipe, o homem não morreu asfixiado pelo mesmo gás usado pelos nazistas, o Ziklon B, mas morreu asfixiado dentro de um aparato mecânico, um automóvel, porque supostamente cometia o crime de não usar capacete enquanto estava numa moto. É interessante porque nunca vi o presidente Bolsonaro ser parado por não usar capacete. E esse senhor não teve como se defender. Estava com seu remédio no bolso – ele sofria de esquizofrenia, uma deficiência psicossocial. É surpreendente que no Brasil de hoje pessoas com deficiência sejam mortas por gás. Por que se parou uma pessoa com deficiência, e por que uma pessoa com deficiência teve que ser paralisada dessa forma? Não consigo imaginá-la oferecendo tanta resistência, sendo tão agressiva a ponto de ser preciso usar um método tão violento para silenciá-la. E esse método, infelizmente, levou-o à morte. Todos os familiares e pessoas que o conheciam disseram que ele jamais reagiria desse jeito. E depois apareceram treinadores de policiais falando que esse é um método costumeiro. Fico me perguntando como pode ser costume da polícia brasileira usar gás para conter a população dessa forma. Quantas pessoas já morreram ou foram hospitalizadas em estado grave e nós sequer soubemos?

Não estou forçando uma associação, pois pode ser uma mera coincidência, mas é inevitável registrar que encontrei uma correspondência de Bolsonaro publicada por três sites neonazistas brasileiros. Não sei se ele mandou isso para "deus e o mundo". Mas só quem publicou foram os sites neonazistas brasileiros. Além disso, nesses sites havia um banner dando tráfego para o site do Bolsonaro.

Não estamos falando da internet de hoje, isso aconteceu em 2004 – embora eu tenha descoberto essa correspondência recentemente – quando a internet era completamente diferente. Em 2004 não tínhamos Google, não tínhamos AdWords [principal ferramenta de publicidade do Google], os vínculos na internet através de banners eram feitos de outras maneiras. Então, quando um site dava tráfego para outro, principalmente aqueles que tinham os aplicativos para saber de onde vêm os seus visitantes, porque era tudo muito rudimentar, ele sabia de onde vinha o tráfego. Por que um deputado federal que recebe 90% do seu tráfego de um site neonazista não denuncia isso para a Polícia Federal? Esses sites tinham 300 mil acessos por dia, é fácil imaginar que não era pouco o tráfego que ia para Bolsonaro a partir deles.

Os sites publicaram a carta do Bolsonaro em que ele diz "internautas, vocês são a razão do meu mandato". Bolsonaro sabia que isso foi publicado lá, porque o tráfego vinha de lá. E ele não fez nada, não desmentiu. Depois que nós começamos a procurar o material sobre esse site, Bolsonaro se desvinculou do endereço www.bolsonaro.com.br e pediu o desligamento do registro. Ele está tentando apagar rastros. Eu não tinha nenhuma dúvida, agora tenho menos ainda. E ele ainda usa a bandeira de Israel como álibi.

EP&HV: Os crimes de ódio aumentaram junto com a ascensão da extrema direita e com a disseminação do supremacismo branco. Refugiados, imigrantes, muçulmanos e judeus são alvos na Europa. No Brasil, negros, índios e pobres. Os portadores de deficiência física podem entrar na mira dos criminosos?

AD: Eles já estão na mira, sim. Sei porque lido com isso há muito tempo, sou ativista e pesquisadora dessa questão. Minha mãe foi ativista desde que eu nasci e, assim que pude, comecei a me envolver na luta contra a discriminação. Há vários relatos de pessoas com deficiência atacadas nos Estados Unidos, no Brasil e no Japão. Entre outros, o de um ex-funcionário de um asilo para pessoas com deficiência que entrou no local e matou a facadas várias pessoas que dormiam. Nos Estados Unidos, uma escola de crianças com síndrome de Down foi atacada. Mas em geral a mídia não dá muita importância a essas informações, não repercute, porque se acredita que a morte dessas pessoas é quase um favor ao tutor, que se livraria de um fardo. É fácil ver o que é dito nas mídias sociais para os pais e as pessoas que perderam esses entes queridos: "ah, mas pelo menos agora eles descansaram". Eles não descansaram, eles foram assassinados.

Escrevi um artigo sobre isso quando houve o ataque ao asilo de deficientes no Japão, porque as pessoas sequer comentam quando acontece conosco. A verdade é que nada se diz quando a violência é sobre nosso corpo deficiente. A eliminação de pessoas com deficiência na Alemanha só foi considerada desumana em 2008, e nenhuma família jamais recebeu qualquer reparação pelo assassinato de um de seus membros. Porque, no fundo, a eliminação das pessoas com deficiência deixou a Alemanha com menos gastos sobre essa questão. Nosso corpo é um corpo que não vale a pena.

EP&HV: Há algum tempo se sabe que o famoso médico Hans Asperger – que nomeou, em 1944, uma das características do espectro autista – foi um nazista que escolhia, entre crianças deficientes, as que mereciam ser estimuladas e as que deveriam ser mortas. Isso é especialmente perturbador?

AD: Não se usa mais o nome de Asperger. As classificações mudaram, exatamente por conta dessas condições e por Asperger ter sido nazista. Eu sou autista, tenho o "antigo Asperger". Mas a classificação mudou para autismo de alta, autismo de baixa, autismo de muita dependência, autismo de nenhuma dependência, autismo de alta autonomia, autismo de pouca autonomia. São termos mais funcionais. Outros tipos de autismo foram nomeados de acordo com os descobridores que estavam envolvidos com o nazismo, com o fascismo, com questões da União Soviética. Ficou complicado usar essas classificações por conta das pessoas que as descobriram. Seria como se Josef Mengele [médico conhecido por suas experiências com prisioneiros no campo de concentração de Auschwitz, onde tinha o apelido de Anjo da Morte] tivesse descoberto alguma coisa – graças ao bom Deus ele não descobriu nada – e nós passássemos a usar seu nome em alguma condição, a "condição Mengele". Seria uma coisa horrorosa! E ainda há muita gente que, incrivelmente, defende a pesquisa de Mengele sobre crioterapia, pois teria um lado bom, quando na verdade ela foi totalmente refutada. Não houve lado bom nenhum na pesquisa de Mengele!

Recomendo o livro *Quando a medicina enlouqueceu*, de Arthur L. Caplan, um dos melhores textos sobre os aspectos eugênicos e autoritários da pesquisa feita pela medicina nazista do ponto de vista da bioética. A pesquisa de Mengele nos campos de concentração – com gêmeos, órfãos e crianças com deficiência – era sua pesquisa de pós-doutorado. O fato de a Alemanha ser nazista fez com que a universidade se tornasse nazista. As pesquisas eram nazistas, os orientadores eram nazistas, ou seja, a estrutura tornou-se toda nazista.

O problema é quem coloca um plano em prática. Se Bolsonaro nomeou um secretário de Cultura que fez um discurso plagiado de Goebbels, ministro da Propaganda de Hitler, e o secretário foi demitido no dia seguinte, isso em nada alterou o projeto de nazificar a arte. Em um segundo mandato, ele implantaria seu plano para a medicina, escolhendo um diretor de Faculdade de Medicina que pensa como ele. O problema da nazificação é que se implanta o *status quo* dentro e a partir da universidade. Lembremos novamente: aquela pesquisa foi o pós-doutorado de

Mengele. O preceptor dele era um nazista. O preceptor do preceptor era um nazista. Sua pesquisa estava inserida em todo um contexto universitário. Quando nós, professores universitários, pensamos nisso, conseguimos ter a dimensão da situação na Alemanha. Auschwitz estava ligada a uma universidade, que recebeu os corpos, recebeu os olhos dos ciganos massacrados e macerados por Mengele com as substâncias que ele usou para macerar.

Existem relatos de gêmeos que passaram por Mengele, mas muitos dos que sobreviveram a essas terríveis experiências "médicas" não quiseram contar, sentiam vergonha de ter vivido aquilo. Imagine-se o que seria para uma mulher daquela geração, que teve os seios feridos, o ovário ferido, falar sobre isso... A nossa geração tem medo de falar de vaginite, de problemas sexuais, imagina a delas falando do que o Mengele fez com o seu corpo sexual.

Só em 1989 se enterraram todos os resíduos de corpos humanos, judeus, ciganos e outros, usados nos laboratórios de Auschwitz. Apenas 13% das pessoas que Mengele utilizou em suas experiências sobreviveram. E o filho da mãe morreu no Brasil, protegido pela ditatura.

EP&HV: Isso que você relata teria semelhanças com a tortura no Brasil, ainda existente em dependências policiais, em maior ou menor escala? É possível fazer alguma ligação?

AD: Muita ligação! A Casa da Morte, em Petrópolis, onde se praticaram as maiores torturas durante a ditadura, foi alugada de um oficial nazista, que estava aqui. E por que

Petrópolis foi escolhida? Era a cidade onde o Partido Nazista no Rio de Janeiro tinha mais filiados. Nazistas ajudaram Pinochet na ditadura, e não só a encobrir corpos. Eu não perdoo nenhuma dessas pessoas. Na Argentina, 200 oficiais nazistas, 50 deles alemães, foram recebidos depois do final da Segunda Guerra. No Brasil não se tem esse número. E sabem por quê? Porque nunca ninguém perguntou. Estou falando sério, o governo brasileiro da ditadura nunca perguntou ao *Office* alemão – que tinha todos os dados e acompanhava tudo – quantos oficiais nazistas vieram para cá. Mais tarde o *Office* fechou e já não havia a quem perguntar. O *Office* alemão fornecia todas as informações bem discriminadas, por exemplo: “foram 200, sendo 50 alemães, 5 austríacos, 15 de tal lugar...”, e o Brasil não quis saber. Não querer saber é muito significativo.

EP&HV: Como despertar quem não é deficiente físico ou mental, LGBTQIA+, judeu, entre outros grupos, para o perigo da exclusão e do descaso?

AD: Eu acrescentaria os nordestinos a esse grupo. O nordestino, no Brasil, é um grupo tido como sub-raça pela elite. No que se refere às pessoas com deficiência, a pandemia foi um processo de genocídio porque nossos corpos foram utilizados como cobaias para a cloroquina: indivíduos que não tiveram covid foram “medicados” com cloroquina para ver o que aconteceria em um corpo sadio.

As pessoas com deficiência vivem questões horríveis. Uma delas é a do abandono. Houve um caso no Brasil, em 2021, de a mãe morrer e o filho ser encontrado morto depois de doze dias. A criança morreu de fome, de sede, de desamparo, porque era autista, não tinha como se comunicar com ninguém, e morreu, ao lado da mãe morta. Em outro caso, em 2022, que graças a Deus não teve o mesmo fim do primeiro, a mãe morreu, mas acabara de fazer a comida, então a criança tinha comida, tinha suco, e conseguiu comer por uns três dias. O irmão da mãe, como ela não respondia ao telefone, arrombou a casa no quinto dia, e acabou salvando a sobrinha. O abandono também é uma forma de eugenia. Fico imaginando como é uma criança morrer desse jeito e ninguém se importar, virar uma coisa comum.

Então, acredito que a primeira coisa a fazer é colocar luz sobre essas mortes, divulgá-las, falar o máximo possível sobre o que aconteceu. Acredito muito no poder da memória, porque tanto a memória quanto o esquecimento são construídos, e não podemos deixar o Brasil esquecer o que aconteceu durante a pandemia, não podemos esquecer as 680.000 pessoas mortas e o fato de que muitas, ou até a maioria delas, poderiam ter sido evitadas. Não podemos deixar cair no esquecimento que o Brasil ocupou o triste e desonroso lugar de maior índice de morte materna durante a pandemia. Nós temos 120.000 novos órfãos. Por trás desses números existem crianças, adolescentes, pessoas. Somos um país que responde por 3% da população mundial, mas tem quase 12% do número de óbitos do planeta por conta da covid. É preciso uma grande discussão nacional sobre o que vamos fazer com tudo isso.

Eu colaboro com o MST e também com uma associação chamada Justiça e Vida – Associação Nacional em Apoio e Defesa dos Direitos das Vítimas da covid-19 Vida e Justiça – e junto a eles estou ajudando a averiguar os atos genocidas do plano de saúde Prevent Senior, principalmente depois que a CPI da covid colocou em pauta os crimes contra os seus segurados. Se os idosos não eram uma questão na Segunda Guerra Mundial, era porque a média de vida das pessoas era de 50 anos. Hoje o idoso é um indesejado. Quando o governo disse que o problema do coronavírus afetaria "apenas" pessoas idosas e com doenças crônicas, li esse "apenas" como um aviso de descarte, e toda uma população se leu descartada. Temos genocidas no poder, e estão escolhendo matar indígenas, pobres, quilombolas e os catalogados como "apenas", os vulneráveis, vidas que custam ao Estado, e que esse governo neonazista resolveu eliminar. E a Prevent Senior ajudou a eliminar vários idosos da forma mais horrenda possível. Os outros planos de saúde se calaram, porque, afinal de contas, a Prevent está resolvendo uma questão que ninguém quer resolver, que é o custo do idoso na saúde. Então, nós temos que discutir tudo isso, porque, de alguma forma, qualquer pessoa no país está envolvida com algum desses grupos: ou ela tem alguém idoso ou ela tem alguém nordestino, ou de algum outro grupo discriminado. É impossível uma pessoa passar pela vida e não estar ligada a nenhum desses grupos em algum momento da sua história, da sua trajetória de vida. No limite, envelheceremos todos.

EP&HV: E como esses repetidos alertas que você faz repercutem na prática?

AD: Acho que algumas coisas estão melhorando. Só o fato de 60% da população dizer que não vai votar no Bolsonaro de jeito nenhum já é sinal de alguma melhora, de que alguma sanidade parece estar voltando lá do fim do túnel. Mas o que vai resolver mesmo é a educação, sem isso não consigo ter esperança. Penso que a punição é importante, que vamos precisar rever algumas leis – que foram criadas de modo, no mínimo, discutível –, mas acredito principalmente que enquanto não formos capazes de educar de verdade a nossa população, essa situação não será resolvida. E quando digo educação, não estou falando só em educação formal, nas escolas. Estou falando de cultura, de algo muito mais amplo, que envolva redes sociais e todos os protagonistas do Brasil, porque precisamos criar um país em que as pessoas se importem com as outras. Perdemos a capacidade de nos importar, e reconstruir isso é um processo que vai levar duas gerações. Por isso não tenho muita esperança de ver mudanças de hoje para amanhã.

EP&HV: Se isso vai levar duas gerações, o que fazer então com o neonazismo que está crescendo hoje?

AD: Temos que criar mais leis para punir os sociopatas. Ao mesmo tempo, porém, começamos um movimento de recuperação dos jovens que se envolveram com movimentos neonazistas na ânsia desesperada por identidade ou pertencimento. Porque muitos jovens – inclusive autistas e pessoas com deficiência – foram enganados, e às vezes querem sair e não têm apoio, porque têm medo, inclusive de morte. Nós estamos começando um trabalho com os pais, ao mesmo tempo que a Justiça Restaurativa está começando um trabalho com jovens que querem sair desses movimentos. O trabalho com os pais, em conjunto com uma professora da Universidade Mackenzie, é para ajudá-los a entender os filhos, para que possam ajudá-los a sair desses movimentos. Porque além de condenar quem entrou, também temos que oferecer uma saída.

Existem 52 tipos diferentes de grupos neonazistas no Brasil e a faixa etária dos participantes depende muito do tipo de grupo. Por exemplo, grupos que fazem o serviço mais pesado são formados por adolescentes. Já os revisionistas do Holocausto são pessoas mais velhas e muitas vezes mais ricas. Nos grupos da Ku Klux Klan também quase não há jovens. Portanto, existe de tudo: grupos onde há predominância de jovens e outros onde a predominância é mais velha.

Para mapear esses grupos trabalhei com muitas ferramentas, várias delas pouco conhecidas pela antropologia, como Gephi e N*Vivo, e principalmente a rede Thor, a fim de acessar a denominada *deep web*, formada com muito material não indexado, mas onde circulam também conteúdos de outros tipos: acadêmicos, pornográficos, ativistas e criminosos, entre outros. Coletei informações junto a sites, blogs, fóruns e comunidades neonazistas na rede mundial de computadores, e em documentos e atividades não digitais. Trabalhei com algoritmos que buscam palavras-chave e criei ferramentas que fornecem extratos numéricos que eu não teria como manipular. Utilizei ferramentas de análise quantitativa, sendo que uma confirma o resultado da outra. São 20 anos dedicados a pesquisar a história e a movimentação de grupos neonazistas brasileiros. Quem mais gostaria que esses dados não existissem sou eu mesma, mas se trata do meu objeto de pesquisa.

EP&HV: No caso de pessoas com deficiência que entram para esses grupos, o que elas dizem? Você chegou a falar com elas?

AD: É bem difícil, é exatamente o mesmo caso de mulheres que entram em grupos misóginos. Você começa a pensar, "como uma pessoa pode estar em um grupo que discute a própria existência dela?" Ainda não temos isso muito claro, mas temos duas pesquisadoras lidando com essa questão agora. Estamos escutando algumas pessoas, mas ainda não dá para tirar conclusões. É muito complicado alguém estar em um lugar onde o que está sendo discutido e questionado é a sua própria existência. Sabemos, por exemplo, de histórias de pais, na época do nazismo, que mataram os próprios filhos quando eles nasceram com defeitos para que o Estado não o fizesse. Eles matavam de um jeito mais misericordioso, porque temiam a maneira como os filhos seriam mortos.

Tudo isso é muito estranho para mim, particularmente não sei como lidar com esse tipo de comportamento. Por isso temos essa pesquisa em andamento. Porque é difícil demais explicar. Uma mulher que frequenta um grupo QAnon, por exemplo, me leva a perguntar o que ela está fazendo ali. Eles odeiam mulheres! No entanto, muitas delas são responsáveis pelo crescimento desses grupos, seja participando das atividades, seja cozinhando para as reuniões, ocupando, às vezes, lugares subalternos, mas outras vezes nem tão subalternos assim. Por exemplo, havia uma grande atiradora de um grupo nazista que foi ameaçada de estupro por outro grupo porque ela guardou as cinzas do líder neonazista americano David Lane, chamado de "Hitler americano" e "Herói da guerra racial". Como isso aconteceu? Essa atiradora, junto de seu grupo, participou da cerimônia de cremação de David Lane e viajou à Austrália para entregar as cinzas a um grupo australiano. E, então, outro grupo roubou as cinzas. O grupo que transportou as cinzas roubou de volta e em seguida essa atiradora – do grupo que foi à Austrália – foi ameaçada de estupro se não devolvesse as cinzas, que ela queria guardar para si por pura idolatria a David Lane. Disputa por cinzas e nazistas brigando com nazistas, que loucura! Se eu não soubesse com certeza que isso aconteceu, acharia que era uma loucura inventada por alguém. Se eu não tivesse visto as discussões nos fóruns, as ameaças, os bilhetes que uns escreveram para os outros ameaçando de morte, de estupro, não acreditaria mesmo! E essa mulher continua seguindo seu grupo, achando que o nazismo está certo e apenas aquele grupo específico está errado, mas que todos os outros nazistas são bons. Não é possível, ela foi ameaçada de estupro! Eu realmente não tenho explicação.

EP&HV: Desde que você rastreou a existência de mais de 500 grupos neonazistas no Brasil, os números cresceram ou continuam iguais? E a atividade deles?

AD: A princípio, há mais seguidores, porém o número de grupos diminuiu. Ou seja, o volume de pessoas envolvidas cresceu bastante, em mais de 60%, mas há sessenta grupos a menos. Parte desse decréscimo se deve ao trabalho da polícia, mas há o fato de que alguns grupos se juntaram. Algumas células saíram de certas cidades e foram para outras, onde já havia uma célula. Por exemplo, Timbó, em Santa Catarina, tinha algumas células e agora só tem uma. Algumas cidades que tinham mais células diminuíram o número e outras surgiram em outros lugares.

Eles continuam ativos nas redes sociais e no YouTube, mas atualmente os lugares preferenciais para a atuação deles são Telegram e VK, uma rede social russa. Tanto o Telegram quanto o VK (*VKontakte*, que significa "em contato") foram construídos pelo mesmo programador e permitem total liberdade de expressão. É permitido se declarar nazista, ter grupos nazistas, sem nenhum problema. Para vocês terem uma ideia, um grupo só foi retirado do ar no Telegram depois que promoveu um ataque jihadista em que morreram várias pessoas. O Telegram tem uma infinita passividade diante desses grupos. Por um lado, isso é horrível, porque eles estão praticando seus discursos de ódio. Por outro, isso também permite sua localização quando for preciso encontrá-los.

Temos exemplos dos frutos da violência cultuada nos discursos desses grupos. Quase não são divulgados no Brasil porque pouca gente se interessa em conhecer essa realidade. A célula *Neuland* (nova terra), liderada por Ricardo Barollo, paulista com perfil universitário, possuía em torno de 200 membros, que mapeei por conta da circulação de material. Em 2009, em disputa pelo poder, ele matou o diretor de outra célula, Bernardo Dayrell (e também a namorada), criador da revista online *O Martelo*. Tentou culpar os judeus pelo duplo homicídio, mas acabou preso e o grupo desbaratado. O *Neuland* queria eleger vereadores e prefeitos em duas cidades de Santa Catarina e do Paraná e assim ir ganhando força para tomar os estados do Sul e São Paulo, em um movimento separatista.

EP&HV: Você pode falar sobre o capacitismo e qual a relação com o racismo?

AD: O mundo vai testemunhar uma recuperação do empoderamento das pessoas com deficiência, que virá principalmente a partir das mulheres. Nós montamos, aqui no Brasil, a Frente Nacional das Mulheres com Deficiência, e algumas delas estão reunindo força, usando, inclusive, os meus escritos em palestras. Acho fundamental que essa nova geração de mulheres com deficiência assuma o lugar de vencer o capacitismo. Capacitismo é a ideia de que a pessoa com deficiência é menor, é menos humana, tendo a expressão vindo dos estudos de raça. Porque é impossível falar de discriminação por motivo de deficiência sem falar de racismo. A partir do momento em que você hierarquiza corpos e pessoas, você está falando de racismo. Não há como sair do discurso de raça, porque foi nesse discurso que surgiu o nazismo. E o capacitismo, para mim, também se baseia na ideia de que há pessoas humanas que não são humanas o suficiente para valerem a pena.

Mas estamos atingindo um momento de empoderamento dessas meninas, que estão conseguindo chegar a lugares cruciais da sociedade: são médicas, dentistas, advogadas, cientistas sociais, biólogas, e são também manicures, pessoas que trabalham em casas de família. Elas estão em todos os lugares sociais, dizendo que são pessoas com deficiência e são humanas, estão ocupando seu lugar social, e isso as está empoderando.

É muito importante também que a arte da pessoa com deficiência comece a vir à tona, com a nossa forma de ver o mundo, uma forma abarcada pelo corpo habitado com deficiência. Nós somos pessoas estendidas. A pessoa com deficiência aprende desde muito cedo que não é uma pessoa única e que, na verdade, o que é único é o meio social. Porque nós somos sempre estendidos no cuidador, na bengala, no cadeirante, estendidos no outro. E todos nós precisamos de todos nós. O ganho da pessoa com deficiência é a compreensão de que ninguém é só, ninguém é único no mundo, nós todos fazemos parte de todos. Acredito que a pessoa com deficiência é espectro, é compósita, de outras pessoas. Nós somos muito habitadas por todas as outras pessoas do mundo. E pode ser um ganho para a vida social se nossa compreensão de mundo for espalhada. O mundo precisa entender que todos nós dependemos de todos. Essa visão ecológica do mundo as pessoas com deficiência já têm.

"

Desde o início por ouro e prata
Olha quem morre, então
veja você quem mata
Recebe o mérito, a farda
que pratica o mal
Me ver pobre, preso ou
morto já é cultural."

MANO BROWN E EDI ROCK_"Negro drama"

BRANQUITUDE E PODER

conversa com
Lia Vainer Schucman

LIA VAINER SCHUCMAN é professora do Departamento de Psicologia da Universidade Federal de Santa Catarina, doutora em Psicologia Social pela Universidade de São Paulo e pesquisadora de relações raciais e racismo. Uma das principais estudiosas da branquitude e do processo de racialização no Brasil, ela observa que, na nossa sociedade hierarquizada, os brancos sequer admitem que são racistas e seguem, indiferentes, os desdobramentos da falta de direitos e da exclusão dos negros ao seu redor. Quando o preconceito sobe um degrau e se torna racismo — atingindo sobretudo um grupo, como aconteceu com os judeus na Alemanha nazista —, isso significa, diz Lia, que as perseguições e os genocídios podem se estender para toda a humanidade. Um meio de combater esse perigo é a educação crítica, cujo objetivo é aproximar pessoas e grupos cujas perdas as impedem de "ver a dor do outro".

ELIANE PSZCZOL & HELIETE VAITSMAN: Você costuma dizer que o racismo estrutural no Brasil é uma boa pauta, mas falta pensar nas estruturas. As instituições transigem com o racismo?

LIA VAINER SCHUCMAN: Pode-se pensar, resumidamente, que o racismo estrutural determina que, caso tudo aconteça em sua normalidade, o resultado será racista. O que quero dizer com isso? Se o Tribunal de Justiça do Rio de Janeiro, ou de São Paulo, abrir um concurso para juízes sem uma ação afirmativa, o resultado não corresponderá à sociedade na qual ele está inserido – só no município de São Paulo há 40% de população negra. Se olharmos as fotos dos aprovados, veremos 100% de pessoas brancas. Se olharmos os partidos políticos, a composição também será branca. Porque tudo acontece em sua "normalidade", e a normalidade é o racismo estrutural. O branco não é apenas favorecido nessa estrutura racializada, mas também é produtor ativo dessa estrutura. Os mecanismos de produção de desigualdades raciais foram construídos de tal forma que asseguram aos brancos a ocupação de posições mais altas na hierarquia social, sem que isso fosse encarado como privilégio de raça.

Há um amplo espectro de iniciativas que podem ser tomadas, e sem elas o resultado será racista. As instituições brasileiras que não fazem ações afirmativas, como política de cotas, vagas exclusivas para negros ou isenção de pagamento de inscrições, repetem a estrutura social. A omissão não é um fato isolado, vem acompanhada de uma intencionalidade, às vezes consciente, outras vezes consequência de ausência de esforço. Porque não é possível que as pessoas não percebam que estão rodeadas de brancos em todos os lugares de poder. Isso só acontece porque há uma ideologia bastante forte que faz com que não consigam enxergar a realidade à sua volta no Brasil.

Como se consegue olhar para as pessoas que trabalham como garis, perceber que todas são negras, e olhar para os cargos de poder, perceber que todos são brancos, e não entender isso como racismo? Serão os brancos superiores? Existem duas opções para explicar o Brasil: ou enxergamos o racismo estrutural ou somos racistas. É racista acreditar que os brancos estão onde estão porque estudaram mais, tiveram mérito.

Mas é preciso retirar isso do âmbito moral, desse lugar em que o racismo foi colocado e que iguala uma pessoa racista a uma pessoa má. O âmbito moral também existe. Mas, ao falar de racismo, estamos falando de relações de poder, privilégios, conforto material. As pessoas, inclusive a classe média, vivem num tipo de conforto impossível fora do Brasil. O conforto de ter uma roupa, uma calcinha, lavada por alguém, ou de possuir uma prataria que também precisa ser limpa por alguém... Existimos num país escravocrata. E isso depende, necessariamente, da subordinação de um grupo social. É claro que na Europa também existem famílias de condição privilegiada para as quais um imigrante do Sul global é quem faz esse tipo de trabalho. Já um estudante branco não trabalha lavando calcinha nem é gari, ele é barman. Existe uma estratificação social do trabalho que é racializada.

EP&HV: O que é racialização? O que a distingue do racismo?

LVS: Para existir racismo é preciso que exista o processo de racialização. Mas este não leva necessariamente ao racismo, pode levar ao preconceito racial, algo que os japoneses, por exemplo, sofrem no Brasil. "Os japoneses têm determinação, os japoneses não transam bem..." são estereótipos repetidos. É acreditar que o indivíduo, por pertencer a um grupo, terá um determinado comportamento moral e intelectual. Isso é um processo de racialização. Já o racismo precisa de uma dominação econômica e política para existir e está necessariamente ligado à perda de direitos. Foi o que aconteceu com os judeus na Alemanha nazista. Os judeus, no Brasil, sofrem preconceito racial, mas não têm perda de direitos. Aqui, os indígenas perdem direitos: eles perdem na demarcação de terras, são assassinados, não têm direito à saúde, à escolarização da mesma forma que os brancos, em alguns lugares não podem comprar bebida, são vistos como "menores de idade". Perdem a autonomia de decisão sobre a própria vida, como acontece em qualquer processo de dominação.

Isso não quer dizer que os processos históricos não possam mudar. Quando há uma perda muito grande de democracia, os grupos racializados estão mais próximos de se transformar naqueles que serão atacados. Daqui a pouco talvez testemunhemos uma onda de antissemitismo maior do que a atual. Nada garante que isso não vá acontecer. A Alemanha, antes do nazismo, era um dos melhores lugares do mundo para os judeus, melhor do que Portugal, Espanha ou Polônia.

Apesar de serem fenômenos diferentes, já que nem todo preconceito levará a uma dominação política, econômica e social, os efeitos psíquicos do racismo podem ser bastante parecidos aos de quem sofre preconceito – que consistem em se sentir reduzido a um traço, a uma marca. Reduz-se a pessoa a judeu, a negro. É uma subtração das imensas possibilidades de subjetividade daquele sujeito. Ao simples olhar, as pessoas já pressupõem que outras vão apresentar determinados tipos de comportamento, formas de vivência. Não se percebem as identificações, só se vê esse processo racializado.

EP&HV: Grupos neonazistas brasileiros são, apesar das diferenças, de maioria masculina e alguns com integrantes negros ou pardos. Como você analisa essa presença?

LVS: As pessoas pardas ou pretas não são diferentes dos brancos alemães e admiram a mesma coisa que eles. Estamos todos inseridos na mesma sociedade racista. O racismo é apropriado por brancos, negros e indígenas como um todo, por ser hegemônico na nossa cultura.

Vamos fazer um paralelo com mulheres que introjetam o machismo, a misoginia, fazendo um pacto com os homens. Os homens têm privilégios: acham que as mulheres devem trabalhar mais nas tarefas domésticas, cuidar dos filhos, levar o lixo para fora. Enquanto eles ganham ao assumir o machismo, as mulheres, ao introjetarem a misoginia, experimentam uma ambiguidade. Os homens estão confortáveis com suas barrigas, tomando chope e falando como a mulher está feia. A mulher está fazendo plástica, se achando horrorosa, perdendo a segurança depois dos quarenta anos. Mas talvez ela se sinta mais amada, mais desejável, e imagine que ganhe uma pequena vantagem sobre a feminista se disser que esta "não é uma mulher de verdade, nenhum homem vai gostar dela".

Podemos compreender um pouco melhor esse fenômeno se entendermos que os negros e pardos, ao fazerem um pacto com a branquitude, talvez se sintam feios, inadequados, alisem o cabelo, façam plástica no nariz, acreditem que a cultura branca é mais civilizada. Vejam a quantidade de coisas negativas que eles introjetam como auto-ódio. Mas em algum lugar alguém fala, "esse é um negro de alma branca, ele está com a gente". Então ele faz esse pacto para ser minimamente amado, porque todo mundo quer ser amado por aquele que está no poder. Só que o preço a ser pago é altíssimo, é odiar a si mesmo. Quando pardos e pretos se tornam neonazistas, precisam ser ainda mais violentos do que os brancos, para mostrar o quanto estão pactuados com isso, para conseguir um mínimo de aceitação. Devido à nossa síndrome de vira-latas, queremos ser amados pelo colonizador, o europeu. Talvez a apropriação do neonazismo seja uma estratégia psíquica de se separar daquilo que é odiado, assim como as mulheres que falam "odeio o feminismo!" se separam daquilo que é visto socialmente como um lugar de não amor.

EP&HV: O que significa o termo branquitude? Tem relação com o orgulho por ser branco ou branca?

LVS: A ideia de que quem tem raça é o outro faz parte de como funciona a branquitude. Quando pensamos em raças sempre imaginamos negros e indígenas, mas estes só existem porque foram inventados pelo branco no encontro colonial, que definiu as pessoas nascidas na África como negros, embora fossem de sociedades diversas. Então a branquitude parte desse lugar de colocar raça nos outros e não se enxergar como uma.

Há um lugar simbólico e material de privilégio em ser branco. Os estudos críticos aplicam a própria categoria de raça naquele que inventou a ideia, e, ao olhar para o branco como racializado, tentam entender como a raça funciona para o branco. As pessoas podem sofrer preconceito sendo brancas? Sim, pode ser que sejam chamadas de branquelas azedas, mas isso não faz com que sofram ou que a polícia as mate. Sem uma estrutura social que legitime a fala, ela se perde, não tem efeito na vida dessas pessoas.

EP&HV: As manifestações da extrema direita, a letalidade das ações comandadas por agentes do Estado — em boa parte também negros — são similares às que antecederam a instalação do nazi-fascismo na Europa?

LVS: Não são. E não porque não seja um genocídio, e sim porque é um genocídio que se caracteriza pela história do Brasil, e não pela história da Europa. Ele é explicado pela escravidão, não pela Alemanha nazista ou o fascismo europeu. Nosso país é escravocrata, e só a escravidão pode explicar o lugar em que estamos hoje. O que é a escravidão negra? É transformar pessoas com sonhos, desejos, cultura, linguagem e infinitas possibilidades em mercadorias, objetos. Então, pensando do ponto de vista psicológico, transforma-se uma relação sujeito-sujeito em uma relação sujeito-objeto, e esta automaticamente se torna uma relação de perversidade. Não é possível pensar nessa relação de outra forma que não seja pela perversão. O Brasil é um país dominado pela escravidão, no qual de cada dez anos de história, sete estiveram sob esse regime de escravidão. Um lugar onde a vida não vale nada, onde o assassinato de crianças negras não ganha relevância nacional.

Não estou esquecendo o quanto os negros lutaram pela liberdade e resistiram à objetificação. Como diz Caetano Veloso, "foi o negro que viu a crueldade bem de frente, e ainda assim criou lugares de fé no extremo Ocidente". Quando uma pessoa se torna objeto, não precisa consentir. Uma garrafa de água, ao ser amassada, não pode dizer não. Grupos sociais que estão nesse lugar em que a escravidão os colocou não consentem. Por que o estupro em massa das mulheres negras — pelo qual se deu a "miscigenação" do Brasil — ainda é romantizado? A música "Ô mulata assanhada", e quase todas as músicas brasileiras romantizam a mulher negra como hipersexualizada, que pode ser estuprada. E quando permitimos que um grupo seja vítima de racismo, é possível permitir que ele se estenda para a humanidade como um todo, para outros grupos também. O genocídio brasileiro é explicado pelo próprio Brasil.

EP&HV: O que você acha da afirmação, feita por alguns pensadores, de que os métodos brutais usados desde o século 19 pelos colonizadores europeus na África — tortura, assassinato de famílias inteiras, saque de aldeias — prenunciaram os métodos do nazismo?

LVS: As pessoas têm essa representação da Europa como civilizada, e se há algo que não faz sentido é a representação da Europa como civilizada. Ela foi responsável pelas Cruzadas, a Inquisição, a matança em massa de mulheres e judeus, a Primeira e a Segunda Guerra Mundiais, o Holocausto judeu, a escravização e genocídio indígena, a escravização africana, a invasão da Ásia e da Índia. E o que acontece no momento em que o inimigo não é mais externo? Ele passa a ser interno, ele está na própria Europa. São os judeus, que estavam lá há muito tempo. O que aconteceu com eles na primeira metade do século 20 já vinha sendo formatado. Os judeus fascinaram o Ocidente por serem uma antítese do que é hegemônico. O que é esse grupo do qual o próprio Jesus, o ícone daquilo que salva o mundo, fez parte? O grupo em que nasceu Jesus e o negou como filho de Deus! Com outros grupos, que não conheciam os judeus, foi diferente. "Os indígenas não conhecem Jesus, temos que catequizá-los", "os africanos não conhecem a palavra de Jesus, temos que catequizá-los", se dizia.

A ideia falaciosa de raça foi construída no século 19, mas isso não significa que já não existisse como dominação, como hierarquia. A ideia de sangue impuro, equivalente à de raça, determinará culturalmente, moralmente, que judeus não são confiáveis, não podem ser aceitos, assim como africanos podem ser escravizados porque descendem de Cam, o personagem bíblico que desrespeitou o pai, Noé. Então, já existia um catolicismo que é racista antinegro, antissemita, e que vai fundando a Modernidade. Quando o extermínio acontece com os judeus, isso vira um alarde – e tem que virar um alarde. Graças à derrota do nazismo, tivemos a possibilidade de contar a história do Holocausto. Outros grupos não têm o mesmo poder para contar a própria história, e um exemplo é o extermínio brutal que aconteceu na Namíbia.

EP&HV: Há pontos em comum que aproximam grupos vítimas de perseguição e exclusão? A dor de judeus, negros, homossexuais, deficientes físicos pode uni-los para reivindicar direitos?

LVS: A experiência de preconceito pode gerar uma resposta de empatia com outro grupo e vir a ser uma porta para a compreensão, mas isso não é linear. O triste no ser humano é que o resultado mais óbvio do ser vítima de preconceito não seja a empatia, e sim a impossibilidade de sair da própria dor para enxergar a dor do Outro. Infelizmente, o que eu conheço de judeu racista, negro antissemita, mulher machista, me diz que sofrer preconceito não possibilita transcender para a compreensão do Outro. "Ninguém sofreu tanto quanto eu". Quantas vezes nós ouvimos, nos debates entre negros e judeus, algo como "nada foi parecido com o Holocausto", ou "nada foi parecido com a escravidão negra", "nada é comparável ao que os negros sofrem", ou "nada é comparável ao que os judeus sofreram".

Dependendo da dor, ela pode se transformar em uma perda tão forte, tão narcísica, que impossibilita sair do próprio grupo. É mais fácil sentir uma ferida narcísica do que compreender. Às vezes se diz que Auschwitz não é uma escola de direitos humanos, ninguém sai de lá dizendo "agora eu não posso mais fazer mal ao ser humano". Auschwitz poderia ser, ao contrário, uma escola de ódio, se alguém saiu dali sem odiar a humanidade, é quase um ser que transcendeu. No caso dos negros, se você tem na família alguém encarcerado, alguém morto pela polícia, uma criança de sete anos que não vai para a escola porque trabalha vendendo bala, como olhar para um Outro e falar "aquele grupo também sofreu lá atrás, e nós somos parecidos"? Aquela dor é tão grande que impossibilita esse sentimento. A dor não é uma possibilidade de transcendência, ela é, inclusive, mais possibilidade de ódio, de pensar em si mesmo.

EP&HV: Você acredita que será possível desmanchar falas, repetidas inclusive por negros, do tipo "ah, os judeus controlam as mídias e os bancos, todos os judeus são ricos"?

LVS: Acredito que não. Para mim a resposta não está na experiência de ter vivenciado aquilo, e sim na educação crítica. E ela é para todos, como diz Adorno. Se há algo em que a educação deve focar, é em fazer com que Auschwitz nunca mais exista. Acredito que sim, ao contar a história do que aconteceu com os judeus, e dependendo de como ela é contada, existe a possibilidade de ampliar a compreensão. Todos os grupos e todos os indivíduos podem ter preconceito um contra o outro e por isso, no direito, injúria é injúria, preconceito é preconceito e racismo é racismo.

Tive uma orientanda que, ao refletir sobre racismo antinegro, afirmou que "os judeus sofreram apenas durante quatro anos na história mundial, e todo mundo se comove pela história judaica". Eu expliquei a ela o que tinha acontecido. "Você sabe a história dos judeus?", perguntei. Ela ficou quieta. Eu falei, "De onde você está tirando isso? De que experiência?" Ela disse, "do preconceito". E comecei a contar sobre a Inquisição, os pogroms na Europa, e várias outras histórias. "O que você sabe sobre os judeus? Você não sabe nada". A maioria dos estereótipos é repetida por quem não conhece ninguém do outro grupo. Quem convive com negros sabe que eles são de todas as formas possíveis – o que fala inglês, o que gosta de alemão, o que estuda Kant, o outro que é da macumba, o evangélico, aquele que pinta o cabelo, aquele que faz cabelo afro. Não há nada em comum nesse grupo, a não ser o fato de que todos eles sofrem o racismo.

Acredito na educação crítica, porém não vejo, neste momento histórico brasileiro, a possibilidade de expandi-la, porque é preciso que haja, junto à educação, uma política de distribuição de recursos econômicos, políticos, de representatividade. A educação poderia propiciar a formação de pessoas que pensem que essa é uma política importante, mas ela sozinha não é a saída quando o racismo tem a ver com as estruturas de poder. Há dados que dizem que 36 mil homens brancos ganham mais do que 750 mil mulheres negras no Brasil. E as pessoas aprendem a ser racistas olhando o mundo: o médico é branco, o empresário de sucesso é branco, o gari é negro. A maior parte dos moradores das periferias urbanas é de negros e a dos bairros centrais é de brancos, alunos e professores em universidades públicas são brancos e faxineiros são negros, nos restaurantes aqueles que estão sendo servidos são brancos e aqueles que servem são negros. Não é preciso falar "preto ladrão", é só olhar o mundo. Toda essa divisão racial de trabalho e dos espaços sociais é naturalizada de tal forma, que tanto brancos como negros brasileiros raramente se espantam com essa realidade. A educação sozinha não é a saída quando o racismo tem a ver com as estruturas de poder. Há um lugar simbólico e material de privilégio em ser branco.

EP&HV: A realidade brasileira desencoraja você?

LVS: Não sou otimista para o futuro próximo. Ao mesmo tempo, devemos continuar lutando, não há outra possibilidade, temos que mexer em um ponto aqui, aumentar um outro ali... Não há outra saída. Não fazer nada não é opção.

Todas as estruturas do Brasil podem ser explicadas por um caso recente, o do morador de rua que teve relações sexuais, na rua, com uma mulher branca, loura, em visível surto psicótico. Ambos vulneráveis, portanto. O desenlace da história foi a mulher sendo levada a um hospital psiquiátrico e o homem sendo aclamado, com um milhão de seguidores no Instagram, onde está escrito "a rua ganhou". Esse homem ganhou bitcoins de um empresário, "recebeu" uma mulher de presente, um carro e foi hospedado num apartamento de frente para o mar no Rio de Janeiro. Imaginemos que a mulher com quem ele transou fosse, além de vulnerável, negra e pobre. Seria notícia? Não. O que o fez ser aclamado foi a mulher branca, loura, com um fenótipo padrão. A branquitude dela deu valor a essa relação sexual.

Como fazer educação crítica de massa num país que aclama um homem que cometeu estupro de vulnerável? E existem uns 400 Instagrams falsos dele, as pessoas se passam por ele para ganhar seguidores. Vocês entendem a gravidade disso? Entendem o Brasil em que estamos? Eu trabalho há 20 anos falando publicamente e não tenho 10 mil seguidores. E não é que eu gostaria de ter mais seguidores, pois o que digo não importa para a população brasileira hoje. Apenas sinalizo o absurdo da situação.

O ovo da serpente está aí, mas acredito na frase do escritor norte-americano James Baldwin, que usei como epígrafe do meu livro *Entre o encardido, o branco e o branquíssimo: Branquitude, hierarquia e poder na cidade de São Paulo*: "Embora seja difícil imaginar a nossa nação totalmente livre do racismo e do sexismo, o meu intelecto, o meu coração e a minha experiência me dizem que isso realmente é possível. Até esse dia em que nenhum dos dois exista mais, todos nós devemos lutar".

Ou seja, sei que nós estamos muito longe, mas sei que é possível.

CNE
O
NA
ZI
S
MC

"

Em nós, até a cor é um defeito. Um imperdoável mal de nascença, o estigma de um crime. Mas nossos críticos se esquecem de que essa cor é a origem da riqueza de milhares de ladrões que nos insultam; que essa cor convencional da escravidão tão semelhante à da terra, abriga sob sua superfície escura, vulcões, onde arde o fogo sagrado da liberdade."

LUIZ GAMA_*Primeiras trovas burlescas*

LUTA POLÍTICA CONTRA HERANÇA COLONIAL

conversa com

David Alfredo

Democracia é poder para o povo, porém no Brasil racista não há espaço para que o povo, majoritariamente negro, exerça o poder". A afirmação é do historiador, especialista em educação museal e músico **DAVID ALFREDO**, para quem "a mudança não virá com migalhas", mas por meio da luta política permanente. Observador próximo da rotina repressiva que encarcera e mata jovens negros na periferia do Rio de Janeiro, ele ressalta que, muito antes de os nazistas chegarem ao poder na Alemanha, a eugenia, a tortura, os assassinatos, os trabalhos forçados e a perseguição às religiões de matriz africana foram praticados no país, do Império à República, sob o amparo da lei e da lógica da elite branca. Hoje, afirma, o neonazismo é mais um tentáculo do sistema preconceituoso e discriminatório de uma sociedade que persiste em apagar essa memória.

ELIANE PSZCZOL & HELIETE VAITSMAN: De que maneira a ideologia nacionalista europeia e, mais especificamente, o projeto nazista de poder e supremacia racial foram apropriados por grupos extremistas brancos no Brasil?

DAVID ALFREDO: Podemos pensar em como o projeto nazista se assemelha, dá continuidade ou fundamentação pseudocientífica ao programa de supremacia racial estabelecido no processo colonial nas Américas e neocolonial na África, inclusive com a adesão às ideias nazistas de poder por figuras importantes da política e das ciências no Brasil.

O Brasil tem uma história de autoritarismo, submissão política e ideológica, escravidão de africanos, maus-tratos, subalternização, roubo de terras de indígenas. As classes dominantes arquitetaram e executaram muito bem seus planos de dominação racial. E não é preciso ir tão distante na história. Os anos 1800 podem ser considerados o século da consolidação dos princípios iluministas, do ponto de vista humanitário, político e econômico, mas o Brasil, habitado e governado por uma realeza dita ilustrada e modernizada, não deixou de ser um país escravocrata.

Alfabetizar é compartilhar poder? A divisão justa da terra é compartilhar poder? Se a resposta a essas perguntas for afirmativa, devemos prestar atenção ao que de fato aconteceu com o Brasil em meados desse mesmo século 19. Numa sociedade estruturada sobre um projeto de supremacia racial que humilhava e expulsava todos os que não fossem brancos, não se aceitou que negros e/ou indígenas exercessem qualquer nível de poder, micro ou macropolítico. Negros, por exemplo, não tinham documentos civis, uma vez que não eram cidadãos. Eram mercadorias e mercadorias têm como documento os recibos de compra e venda, ou as cartas de alforria, que anulavam o poder dos recibos.

EP&HV: E o movimento abolicionista?

DA: Em 1827 tem início a educação pública no Brasil, decretada por D. Pedro I. Em 1831 o abolicionismo avança em forma da lei que proíbe o comércio transatlântico de escravos. Mesmo sendo uma farsa, a "lei para inglês ver" significa algum progresso. Em 1837, a província do Rio de Janeiro, capital do país, sanciona a lei que proíbe que "os escravos, e os pretos africanos, ainda que sejam livres ou libertos" frequentem as escolas públicas. A queda-de-braço político-econômica continua e com o fim definitivo do tráfico transatlântico em 1850, com a Lei Eusébio de Queirós, ficou claro que o abolicionismo avançaria e, apenas duas semanas depois, foi aprovada a Lei de Terras que, em seu primeiro artigo, proíbe "as aquisições de terras devolutas por outro título que não seja o de compra".

Em 1871 a Lei do Ventre Livre dá liberdade aos "filhos de mulher escrava que nascerem no Império", com a ressalva de que as crianças permaneceriam "em poder ou sob a autoridade dos senhores de suas mães, os quais terão obrigação de criá-los e tratá-los até a idade de oito anos completos". A partir dessa idade, o senhor teria a opção de ser indenizado pelo Estado ou, se preferisse, continuar utilizando "dos serviços do menor até a idade de 21 anos completos."

A Lei do Sexagenário, em 1885, concede liberdade aos escravizados e escravizadas a partir dos 60 anos completos, com a ressalva de que seriam obrigados, a título de indenização pela alforria, a prestar serviços aos seus ex-senhores durante três anos. A famosa Lei Áurea, de maio de 1888, que extingue de vez o trabalho escravizado legal em território brasileiro, apenas dispõe sobre o fim da escravização, mas nenhuma menção se faz a políticas públicas de saúde, educação, propriedade ou indenização aos negros africanos ou seus descendentes.

A tensão entre as elites escravocratas e o avanço abolicionista apoiado pelos ingleses durou até 1889, quando elas conseguiram depor Dom Pedro II. Com o golpe de Estado que institui a República em novembro de 1889, novas legislações teriam que defender os interesses dos vencedores. O Código Penal de 1890 declara que maiores de 9 anos podem ser considerados criminosos, assim como os maiores de 14 anos podem ser recolhidos a "estabelecimentos disciplinares industriais". Os primeiros podendo ficar recolhidos até os 17 anos e os segundos, até os 21 anos. Note que, em 1890, nenhuma criança "agraciada" com a Lei do Ventre Livre tinha chegado à maioridade (21 anos). Podemos aqui entender qual era a cor dos "criminosos" de 8 a 14 anos e até mesmo os mais velhos. Se ainda restarem dúvidas, posso deixar ainda mais óbvio: o capítulo 13 do Código especifica os crimes de "vadiagem e capoeiragem". Diz o artigo 402 que "fazer nas ruas e praças públicas exercícios de agilidade e destreza corporal conhecidos pela denominação capoeiragem" pode levar à penalidade de 2 a 6 meses de prisão.

Nesse novo contexto, as elites econômicas desenvolveram um projeto político e econômico de embranquecimento. Entre as décadas de 1880 e 1930, foi enorme o fluxo de imigração europeia. Com o fim da escravidão negra, o projeto foi pagar salários e incentivos a europeus que viessem morar no Brasil. As passagens de muitos italianos em navios a vapor foram pagas com dinheiro público. Com tantos incentivos não é surpresa que carreiras políticas e impérios ítalo-brasileiros tenham se formado antes da metade do século 20. Na sequência dos italianos, vieram portugueses, espanhóis, japoneses, alemães. Embranquecer era a missão civilizatória.

EP&HV: A legislação que favoreceu o projeto de embranquecimento estendeu-se até quando?

DA: Como todo projeto supremacista precisa de amparo institucional estatal, a Constituição brasileira de 1934, em seu art. 138, declara como obrigação do Estado *"estimular a educação eugênica"*. Essa Constituição tem muito das pretensões da elite paulistana, repleta de imigrantes que se tornaram empresários bem-sucedidos e de representantes e herdeiros da cafeicultura brasileira. É impossível pensar que uma república apelidada de "café-com-leite" – cafeicultores paulistanos aliados a pecuaristas mineiros – não reproduziria seus ideais históricos nas instituições que dominavam.

Esse é o histórico recente, o palco social, o solo fértil que o nacionalismo pós-guerra e o nazismo encontraram aqui. Os nazistas teriam muito a aprender com os supremacistas brancos brasileiros! Em 1930, o Brasil já tinha seu próprio programa de supremacia muito bem executado. Já havíamos passado, séculos antes, pelo processo de conferência de cidadania. Práticas religiosas contrárias ao catolicismo, principalmente as de matrizes africanas, foram total ou parcialmente proibidas até 1890 e seus desdobramentos, como o samba e demais fenômenos culturais dos negros, perseguidos até depois da metade do século 20.

Se o primeiro passo para o cumprimento das Leis de Nuremberg [duas leis aprovadas pela Alemanha nazista em setembro de 1935: a Lei de Cidadania do Reich e a Lei de Proteção do Sangue e da Honra Alemã; estas leis incorporavam muitas das teorias raciais que embasavam a ideologia nazista e constituíram a estrutura legal para a perseguição sistemática dos judeus na Alemanha] era classificar quem era quem na organização social, no Brasil isso já se dava. Até hoje há lugares onde os negros quase não moram, quase não frequentam restaurantes, quase não trabalham, quase não estudam. Um recorte socioespacial e profissional identifica onde os não brancos estão. Podemos considerar que há 85 anos o contraste fosse ainda maior entre brancos e não brancos. Na Alemanha nazista, quase todos eram brancos. Era mais complexo identificar judeus. Aqui os brancos poderosos sempre souberam quem não é branco. A catalogação e a guetificação estavam feitas no Brasil antes de Hitler nascer.

Se você for branco e tiver acesso às regiões nobres e seus espaços de interação social (como clubes, restaurantes, pracinhas) de qualquer cidade brasileira, consegue reconhecer uma cuidadora de crianças ou de idosos pelo tom de pele? Em 2022, quando vemos o casamento de pessoas poderosas do país, observamos a miscigenação acontecer? São desnecessárias leis ou pressões que coíbam as relações inter-raciais. Dependendo do extrato social, elas simplesmente não acontecem. Ou pelo pacto narcísico ou porque uma parcela de brasileiros não tem interação social com pessoas que não sejam brancas, a não ser quando estão sendo servidas.

Uma família que só se reproduz entre brancos e só tem relações de subalternidade com não brancos, principalmente negros, está reproduzindo um fenômeno histórico brasileiro que atravessou séculos: o racismo.

A estrutura social e econômica sempre foi racista e afeita a demonstrações assustadoras de ódio aos negros, aos indígenas e suas combinações afetivas. A religiosidade, a afetividade, a cultura, a identidade, tudo que não fosse branco era atacado institucionalmente. Como é que o Brasil não teria o maior partido nazista fora da Alemanha? Nossa experiência era secular. As elites brancas só precisavam de um verniz político-científico, ou melhor, pseudocientífico.

EP&HV: A expansão de núcleos neonazistas e de discursos que pregam a violência são especialmente ameaçadores hoje?

DA: Na verdade, o neonazismo entre brasileiros é mais um tentáculo de um sistema de preconceito e discriminação. Mas o que estimula os grupos neonazistas ou de supremacia branca é o cenário político. Muitas lideranças políticas, nos

Poderes Executivo e, principalmente, Legislativo, não respeitam valores humanistas ou minimizam violências de cunho racial, e isso torna núcleos neonazistas muito perigosos. Basta verificarmos o aumento, nos últimos quatro anos, das ocorrências de violência física e psicológica contra a população LGBTQIA+, contra negras e negros, contra os povos indígenas e contra organizações progressistas, governamentais ou não, favoráveis à diversidade nas relações sociais.

A sociedade é pautada de cima para baixo, dentro de uma lógica patriarcal, cisgênero e heteronormativa e, não coincidentemente, branca. Tudo o que foge dessa lógica está sujeito a inúmeras violências, incluindo as institucionais de Estado. O aumento no registro das células neonazistas pode também significar que os integrantes observam que seus ideais e suas percepções da realidade estão sendo valorizados e seus efeitos minimizados em escala macropolítica. E é aí que mora o perigo. Não se trata apenas de neonazistas terem poder político, mas de que a falta de repressão ou a minimização dos efeitos de suas ações facilitem uma articulação que influencie as decisões e políticas públicas de futuros governos e, assim, o conceito de cidadania volte, cada vez mais, a ser entendido de forma monocrática.

EP&HV: Entre os mais de 500 grupos extremistas mapeados no país em 2021, as células neonazistas constituem a maioria. Como explicar que jovens pobres das periferias e negros participem de alguns deles?

DA: O Brasil é um país constituído sobre a violência. O processo de invasão portuguesa era fundamentado única e exclusivamente sobre uma meta: extrair riquezas. Se para alcançar essa meta os milhões de seres humanos que já estavam aqui tivessem que ser assassinados ou escravizados, os portugueses e também os franceses e holandeses não pensavam duas vezes.

Os portugueses controlaram o comércio humano transatlântico por mais de 300 anos. Todo tráfico humano, até hoje, pressupõe desarticulação das relações sociais, traumas, perda de identidade. A humanidade pressupõe pertencimento e coletividade. E como aprendemos sobre a coletividade nas escolas? Como fábulas. Qual é o coletivo de abelhas, porcos, peixes? Todas as abelhas que existem nesse momento não formam uma coletividade, mas uma multidão de abelhas. A coletividade dessas abelhas está dentro de cada colmeia e nas relações que estabelecem com outras colmeias. Outro exemplo? Uma livraria não é uma coleção de livros. Uma livraria é feita de várias coleções, com livros de diferentes naturezas e propósitos. As noções de humanidade são como colmeias ou coleções de livros.

Mas será que nós, os não brancos, tivemos a possibilidade de nos constituir como uma força coletiva? Quando nos organizamos para agir coletivamente, de que modo fomos e ainda somos desarticulados?

Mesmo nos melhores tempos, um terço da população do país vive com meio salário mínimo mensal ou menos, e 90% vivem com até três salários mínimos mensais. Menos da metade dos brasileiros têm tratamento de esgoto, mesmo em grandes capitais. Mais da metade dos brasileiros com mais de 25 anos não concluiu o ensino básico (fundamental e médio) e um terço nessa faixa etária não tem o ensino fundamental completo.

Por que estou trazendo esses dados? Em que período da vida começamos a falar sobre nazismo? No último ano do ensino fundamental. Espera-se que os estudantes tenham, aproximadamente, 15 anos. Em uma família pobre, que vive com menos de um salário mínimo, ou metade, alguém de 15 anos não pode ficar sem trabalhar, e o trabalho infantil é outra chaga de países como o Brasil. O que os governantes estão procurando fazer para reduzir a miséria e o trabalho infantil? Reduzir a maioridade penal para 16 anos e a idade mínima de trabalho para 12 anos. Sabemos muito bem o que significa entrar no mercado de trabalho. Uma criança de 13 anos, que não concluiu o ensino fundamental, está pronta para encarar o perigoso mundo do trabalho e ainda estudar com qualidade, numa realidade de fome e praticamente nenhum acesso a serviços públicos?

Esse é o panorama que interfere no processo de reconhecimento de uma identidade coletiva. Uma multidão de brasileiros mal assistidos, mal instruídos, mal alimentados, mal organizados. Que coletividade é essa que vê a fome acontecer do seu lado e não reage contra a estrutura? Somos um dos cinco maiores produtores de alimentos no mundo e temos famintos em todas as cidades.

A maioria absoluta da população se informa pelos meios de comunicação que pertencem a algumas das famílias mais ricas do país. A população pobre é condicionada, diariamente, a crer nos valores dos donos das emissoras, e naquelas pessoas brancas, que estudaram e têm legitimidade para falar na TV, ao mesmo tempo que os pobres periféricos são hiper-representados como miseráveis, bandidos, menos inteligentes, sem cultura. Tudo isso proporciona um efeito manada, ou seja, não valorizamos a identidade periférica de onde queremos fugir e estamos sempre dispostos a lutar pelas causas mostradas na TV, o que também se manifesta nas redes sociais, seja pela crença ou pela descrença absoluta no que está sendo noticiado.

Sem noção de coletividade, sem senso coletivo, sem noção ou consciência micro e macropolítica, sem credibilidade, como o cidadão pobre constrói sua identidade política de classe? Dentro da categoria "pobre", há diferentes nuances e demandas, a maioria ligada aos direitos humanos. Quando e onde aprendemos sobre direitos humanos na educação formal? Alguém posta uma foto com um porrete na mão, onde se lê "direitos humanos"; na política, vários candidatos se elegem com o slogan "bandido bom é bandido morto". Quem é o bandido? Onde ele mora? Qual é a cor dele? Em que trabalham seus familiares e vizinhos? Quem está sujeito à ação de um "bandido"?

Se o lugar onde moro é hiper-representado como um lugar sem atrativos, eu vou construir minha identidade onde há legitimidade. Num país de supremacia branca, qualquer discurso bem construído pelos brancos é imediatamente assimilado. Você ganha uma identidade, faz parte de um ideal coletivo, mesmo que ele se oponha violentamente a pessoas idênticas a você, que vivem a mesma realidade. Todo mundo quer uma identidade. Estamos todos procurando uma colmeia ou uma biblioteca que nos acolha ou finja que nos acolhe. Até porque toda biblioteca tem um monte de livros que destoam dos interesses do colecionador, mas servem para fazer volume na estante, não é? Muitas pessoas não percebem que é exatamente esse contingente que faz volume.

Muita coisa mudou nas periferias, principalmente no que diz respeito às identidades, mas os quadros das polícias, dos militares de todas as patentes, dos funcionários públicos de baixo prestígio e com pouca escolaridade, ainda são preenchidos por jovens periféricos. O jovem negro das periferias não quer ser assaltado, não quer passar fome, não quer ser humilhado pela polícia, não quer ser mais um que sofre com os absurdos. O jovem periférico que consegue entrar na universidade para ser tudo aquilo que ele aprendeu como legitimador de dignidade pode, se não tiver cuidado, se entregar a ideais que não são de sua comunidade e não favorecem o lugar onde cresceu. O resultado é trágico e complexo.

EP&HV: Conte um pouco sobre o trabalho de educação antirracista de que você tem participado. O que já obteve de positivo?

DA: Minha formação acadêmica foi em História e, a partir disso, tive acesso a adolescentes, em sua absoluta maioria periféricos. Desde 2010 eu trabalho com educação museal. Mas uma educação antirracista não tem como focar apenas nos mais jovens. Eles são bombardeados com a temática porque nasceram num momento em que já existiam leis que garantem que a história e a cultura de negros e indígenas sejam compartilhadas. Não terão como passar pela educação básica sem acessarem tais conhecimentos, mesmo de forma superficial. O desafio são as pessoas com mais de 30 anos, também periféricas, com pouco grau de instrução e completamente imersas em seus compromissos pessoais e profissionais.

Como profissional preparado para compartilhar o conhecimento histórico, sempre contraponho qualquer proposta institucional eurocêntrica. A gente aprende que "você" tem origem em "vossa mercê", mas quem colaborou para que essa transformação acontecesse? Os portugueses, que impuseram seu idioma, não tinham nenhuma razão para operar essa mudança linguística. Os professores precisam de formação para pluriversalizar os conhecimentos que trocam com os alunos. O ser humano é um animal africano. A base da alimentação do mundo, a agricultura, foi inventada por africanos. O país mais antigo do mundo fica na África. Como alguém constrói uma pirâmide sem conhecimento matemático, agricultura sem conhecimento de física, geografia, meteorologia e astronomia? Como estudamos idiomas sem considerar as línguas indígenas e africanas e suas consequências para a modalidade de português que falamos no Brasil? Um português característico é completamente alimentado pela experiência negra, o que Lélia Gonzalez chamou de "pretuguês". Como falar de escravização sem mencionar que intelectuais, sábios, engenheiros e mestres de diferentes especialidades foram também escravizados?

A participação de negros e indígenas precisa ser exaltada e é possível fazer isso em sala de aula. Tenho ferramentas que me possibilitam esclarecer que, ao contrário do que o mito da democracia racial tentou nos ensinar, houve resistência nos 350 anos de sistema legal escravista no Brasil, nunca houve passividade nas relações entre brancos e negros. Negros com poder, consciência de classe e letrados racialmente são um perigo para o bem-estar social criado pelas elites. Uma pessoa negra com poder é vista como arrogante, petulante e, não raro, é chamada de "aquele moleque", "aquela negrinha". Esses são termos que nos recolocariam no lugar de subalternidade dos tempos coloniais e imperiais.

Se não falarmos sobre o racismo não conseguiremos falar sobre o Brasil. No trabalho com museus é mais fácil atingir diferentes idades, níveis de conhecimentos e extratos sociais. Museus falam sobre nossas demandas do presente e do futuro. Nenhum objeto ou história tem um único caminho de acesso, uma só abordagem. Por isso, eu também aproveito toda e qualquer oportunidade para ler as entrelinhas da narrativa de qualquer museu, que são, etimologicamente, espaços de inspiração.

Antirracismo não pode ser uma postura profissional. Eu sou negro antes de ser qualquer outra coisa nesta sociedade. Uma vez que tomamos consciência, lutar contra a estrutura racista se torna um modo de existir no mundo. Aquela conversa sobre "bandido bom é bandido morto" é muito frequente. A pessoa que é chamada de bandido tem cor neste país. Em algumas ocasiões, fiz o seguinte exercício com colegas de trabalho: "Pense em um bandido! Ele mora na mesma região da cidade que você (na periferia)? Ele tem um jeito de falar parecido com o seu, de seu filho, de seus amigos? Ele se veste ou deseja se vestir, mais ou menos, como você e seus amigos? Você compraria uma arma para se defender? Andaria com ela na rua? Atiraria em alguém que você considera uma ameaça? Se todas as respostas foram sim, imagina uma cena: Você vem andando pela rua com sua arma na cintura, encontra outra pessoa que também responderia sim a todas as perguntas que acabei de fazer. Você entende que você seria morto numa situação como essa? E que poderia matar alguém como você por causa do medo? Entende que as pessoas que "não têm cara de bandido" nunca seriam seu alvo?"

Esse exercício permite que todos nos entendamos como alvo dentro de propostas de supremacia branca, mas também não é suficiente, porque o racismo se alimenta da ignorância que temos de nós mesmos. Os oprimidos aprendem a oprimir, inclusive e especialmente a si mesmos. A maioria das pessoas participa de eventos racistas por desatenção ou condicionamento mental, mesmo não sendo beneficiada pela estrutura racista. O negro que oprime outros negros, o periférico que oprime outros periféricos nem sempre agem racionalmente. Eles agem em nome de alguma recompensa, mas essa migalha só garante que a supremacia branca se fortaleça. Meu trabalho é apresentar argumentos lógicos para que as pessoas possam despertar ou "desblindar" suas mentes. Meu trabalho é criar outras estruturas dentro da estrutura racista e matar o dragão por dentro ou, pelo menos, torná-lo mais fraco.

EP&HV: A abordagem violenta das polícias brasileiras às vezes nos espanta pela semelhança social entre perseguidores e perseguidos. Como isso funciona? Acontece algo parecido em outros países?

DA: Com certeza! A diferença só está na origem genética de quem age. O percentual de policiais negros e não brancos nas polícias militares do Brasil é infinitamente maior do que o de policiais brancos, logo, os policiais, assim como os praças militares, não são um contingente de pessoas que se beneficiam da estrutura criada pela supremacia branca. Só recebem as recompensas, como cães adestrados. Raros são os casos de policiais militares que deixaram de morar em bairros periféricos e migraram para áreas nobres das cidades, principalmente nas capitais brasileiras.

Se você que está lendo cresceu em regiões valorizadas da cidade, cheias de prédios recheados de profissionais bem remunerados e herdeiros, pergunte-se o seguinte: "quantos policiais militares moram no meu prédio?" ou "quantos ex-colegas de escola são policiais militares hoje em dia?". Estamos falando de uma profissão almejada e valorizada por moradores das periferias, que requer escolarização básica e, assim como a carreira militar, apresenta possibilidade de ascensão social.

Vamos fazer uma análise do brasão da Polícia Militar do Rio de Janeiro? A cana-de-açúcar, o café, a coroa real, armas cruzadas, o ano de fundação e a sigla GRP, que significa Guarda Real de Polícia da Corte. O lema da Polícia Militar é "servir e proteger". Basta observar determinados detalhes para concluir quem tem acesso a direitos e quem tem as violências como hábito. É muito claro que a Polícia Militar no Rio de Janeiro, antiga capital da Colônia, do Império e da República, está a serviço dos poderosos. Defender a corte, ou seja, os barões, viscondes, marqueses, duques e outros poderosos vinculados ao café, à cana-de-açúcar e à escravização de negros ou apenas nobres recém-chegados de Portugal com a Família Real.

Quem defendia os pobres? Quem defendia os negros e os indígenas? Esses grupos nunca importaram. A desigualdade é o padrão. Em algumas polícias estaduais, criadas na Primeira República no início do século 20, o lema é o mesmo da bandeira nacional, "Ordem e Progresso". Quem determina o que é ordem e quem se beneficia do progresso? Se algo foge da ordem estabelecida pelas elites, a polícia age em favor das leis criadas pelas elites. Quem são as pessoas chamadas de "desordeiras" no Brasil? Desde o final do século 19, o Brasil determinou que "classes perigosas" eram as pessoas pobres, sem adequação para o trabalho organizado nas fábricas, que não valorizavam as instituições religiosas das elites e que resistiam às ideias higienistas, ou seja, de organização segundo a supremacia branca.

Ordem aos pobres e progresso para as elites. Em 2022, milhões de pessoas vivem em condições sanitárias semelhantes às de 200 anos atrás. Que progresso gerado pela ordem foi esse? A pobreza não é capaz de retirar o potencial crítico de todas as pessoas, que podem se organizar coletivamente na luta em favor de seus direitos civis e sociais. É nesse momento, contra qualquer tentativa de mudança, que as polícias, muito bem treinadas, entram em ação. Mas nunca solitárias. Os meios de comunicação de massa também entram em ação, classificando com adjetivos pejorativos aqueles que reagem violentamente contra as violências que sofrem há anos. Vou repetir: reagem!

Quem apoia a violência policial prefere ou não consegue perceber que pode ser a próxima vítima, caso se rebele contra as regras do jogo. Senão ela, seus filhos. Foi o que aconteceu na ditadura militar dos anos 1960 e 1970 no Brasil. A mesma classe média que defendeu o golpe de Estado se horrorizou quando viu seus filhos sendo violados, sequestrados, assassinados, torturados.

Quanto aos mais pobres, esses precisam comer, resolver conflitos de ordem familiar causados pelo grau de miserabilidade, enquanto a classe média luta para não ser enxergada como pobre. Não formamos uma consciência de classe. O resultado é aceitarmos violências contra nossos pares ou, cinicamente, acreditarmos que não temos nada a ver com isso.

EP&HV: Existem relações entre a memória do Holocausto e a da escravidão? Quais são os paralelos entre a *Shoá* e os genocídios negros, tanto na África como nas Américas?

DA: O Vale do Paraíba, as cidades históricas de Minas Gerais, o Pelourinho em Salvador, as fazendas conservadas com seus passeios históricos – tudo isso é memória de campos de concentração, de trabalhos forçados, de extirpação da dignidade humana, de violências, de crueldade. Havia senhores que mergulhavam seres humanos em caldeirões com água fervendo, arrancavam membros, estupravam meninas para "curar enfermidades", vendiam suas crianças, arrancavam-lhes os dentes, marcavam a ferro quente com cruzes ou iniciais de sobrenomes importantes, trocavam os nomes das pessoas por nomes cristãos e mais um repertório inacreditável de atrocidades. Para quê? Por dinheiro e para controle dos corpos e das mentes.

Africanos foram a mola da economia brasileira, portuguesa, da União Ibérica, francesa, inglesa, norte-americana. Exterminá-los não foi um projeto, pois sem os africanos, os supremacistas brancos não teriam chegado tão longe. O extermínio podia ser entendido por eles como efeito colateral de seus caprichos. No pós-abolição, sim, o extermínio ficou claro. A fala seria: "Se os negros não são mais úteis aos meus interesses, então que morram! Se for possível fortalecer as instituições para que morram de fome, assassinados, loucos, nas prisões, de tanto trabalhar, ótimo! Se não for suficiente, sigamos embranquecendo a população através de uma falsa miscigenação ou democracia racial".

A *Shoá* manifestou-se como um projeto de extermínio total de um grupo étnico, os judeus, bem estabelecido na Europa, e o genocídio estendeu-se a ciganos, deficientes físicos, negros, mestiços, homossexuais. Ambas as memórias, da *Shoá* e da escravização no Brasil, são dolorosas. A perseguição nazista, na Alemanha e em outros países europeus, operou por pouco mais de uma década contra os que eles consideravam diferentes, inferiores ou inimigos. Mas não devemos supervalorizar o medo que sentimos dos neonazistas brasileiros sem observar também a permanência aqui das mesmas estratégias históricas de supremacia branca, dos mesmos métodos do racismo institucional.

A escravização de negros por mais de três séculos, e mais um século sem políticas públicas, carrega sequelas. E o Brasil tem um agravante no que diz respeito à memória da escravidão. Diferente do que aconteceu no pós-Segunda Guerra, ao final do regime escravista pouquíssimos negros eram alfabetizados ou tinham influência suficiente para relatar e reconstruir suas memórias. Até hoje temos dificuldade de contar histórias familiares que tenham mais de 60 anos. Não sabemos quem foram nossos bisavôs, tampouco seus bisavôs. Não sabemos de que lugar da África vieram. Fomos desarticulados, vendidos, deportados, expropriados, perdemos os laços que nos conectavam historicamente. O segundo país mais negro do mundo não sabe nada sobre a África e sobre seus antepassados.

O mais fantástico? Resistimos e somos os donos da cultura brasileira. Não há nenhum centímetro da identidade brasileira que não passe pelos negros. Guardamos e reproduzimos nossas memórias nas pequenas coisas com grandiosidade. De alguma forma, assim como na história de João e Maria, deixamos pedrinhas e pedaços de pão no caminho para que conseguíssemos remontar tais memórias a partir das reminiscências.

EP&HV: Apesar do combate à discriminação racial ter avançado nos últimos anos, a representação política dos negros ainda é pequena no país. Os números podem mudar no futuro próximo?

DA: Não acredito que os números mudem num futuro próximo. A Lei federal 10.639, que institui o ensino de história e cultura africana e afro-brasileira, completa 20 anos em 2023. Ela ainda foi retificada em 2008 para incluir história e culturas indígenas (11645/2008). O conceito de indígena mudou para a sociedade brasileira nos últimos 15 anos? A história do negro no Brasil já é valorizada? Há municípios (e profissionais) que se recusam a aplicar a lei nas escolas, 20 anos depois.

Um movimento forte de extrema direita neoliberal e fascista acontece no mundo e opera contra os parâmetros democráticos. O revisionismo histórico não está a favor dos oprimidos, mas a favor dos opressores de sempre. Esse é um movimento que age contra as conquistas sociais alcançadas em décadas. No Brasil, a política de cotas raciais, que ganhou mais visibilidade quando as cotas foram instituídas para o acesso às vagas em universidades públicas, é alvo de questionamentos e lutas judiciais e políticas nas assembleias legislativas. O crítico é que muitas pessoas periféricas também são contrárias às cotas. O presidente da República elegeu-se em 2018 tendo como uma de suas bandeiras o fim delas e da demarcação de terras indígenas e quilombolas.

A sociedade, de forma geral, está condicionada a se ver representada por pessoas brancas porque aprendemos que elas são "de confiança". Embora tenham nos escravizado, impedido nosso acesso à educação, proibido que nos fossem doadas terras, criado uma legislação que manteve os negros enjaulados nas prisões e outros absurdos, os brancos gozam de prestígio social. Um homem branco em condição de miserabilidade e violência causa confusão na mente dos brasileiros. "Há algo de errado com esse homem", certamente pensam as pessoas. O lugar do branco é no poder e não sou eu quem diz isso. Quem diz é a memória coletiva, o nosso subconsciente. Isso é muito cruel. Por que seria diferente com os cargos políticos?

Eu só acreditaria numa mudança a curto prazo se houvesse sinais de rupturas extremas. Uma revolução vinda de baixo para cima, que pressionasse as classes dominantes contra a parede. A pandemia de covid-19 demonstrou quem vive em estado de extrema vulnerabilidade social. São as mulheres negras e os homens negros. Você pode se perguntar por que os negros morrem tanto. Eu também me pergunto. Os postos de trabalho que põem em risco a vida são ocupados por negros, que são os profissionais de segurança que mais morrem. Os profissionais que lidam diretamente com os enfermos nos hospitais são negros, e eu não estou falando dos médicos, majoritariamente brancos. Tenho 40 anos e nunca fui atendido por um médico negro. Falo de enfermeiros, recepcionistas, seguranças. Os profissionais que cuidam dos resíduos sólidos (lixo) são negros. Nos lixões estão muitos negros tentando conseguir restos de comida porque quase 80% dos mais pobres no Brasil são pretos e pardos.

Não é possível que um país africano como o Brasil concentre poder político e riquezas apenas nas mãos de pessoas brancas. Se alguém me provar que os governantes estão trabalhando para mudar essa realidade, acreditarei que num futuro próximo a representação política de negros vai aumentar substancialmente. Se não, brasileiros negros em idade produtiva continuarão a não considerar a via política como campo de batalha para a mudança da realidade das periferias. O individualismo continuará vencendo e pavimentando o sucesso dos brancos, que se movem coletivamente, ainda que não percebam isso.

Mas é preciso ter fé e continuar trabalhando para que, no futuro, as pessoas negras representem seus pares nos centros de poder político, econômico e cultural. Nossa tarefa é a de convencer as novas gerações de que isso é possível com trabalho honesto, defesa dos direitos humanos e atividade política cotidiana, para além dos pleitos eleitorais. Democracia não é só votar. Democracia é poder para o povo. Em um país racista e com um povo majoritariamente negro, não há espaço para o povo exercer poder. É contra essa premissa que temos de lutar.

"

Não acredito que o racismo possa ser eliminado durante o resto da minha vida... nem na vida dos meus filhos, nem na dos meus netos. Mas acredito que devemos nos esforçar para isso. Continuarei trabalhando para que este dia chegue."

SPIKE LEE

E
R
A
I
S
O,

NOVA DIREITA, TRADICIONALISMO E PROJETO DE DESTRUIÇÃO[1]

1_Entrevista concedida por Benjamin Teitelbaum à Editora da Unicamp publicada no site do *Jornal da Unicamp* em 10/12/2020.

conversa com
Benjamin Teitelbaum

BENJAMIN TEITELBAUM é etnógrafo, doutor pela Universidade de Brown e professor de Relações Internacionais na Universidade do Colorado (Estados Unidos). Ele entrevistou ideólogos de direita, entre 2018 e 2019, para compor o livro *Guerra pela eternidade* (*War for eternity*: *inside Bannon's far-right circle*, no título original, lançado no começo de 2020). A tradução para o português chegou ao Brasil em 2022, pela Editora da Unicamp, que nos cedeu essa entrevista com o autor. Teitelbaum fala aqui do Tradicionalismo, corrente filosófica surgida no início do século 20 e que considera tão perigosa quanto o fascismo e o nazismo, com princípios disseminados por figuras ligadas aos políticos da nova direita de vários países: Aleksandr Dugin, na Rússia de Putin, Steve Bannon, nos Estados Unidos de Trump e Olavo de Carvalho, no Brasil de Bolsonaro. Entre os pontos em comum que os três defendem, estão a condenação do progresso e do Iluminismo e a destruição do sistema para que, segundo eles, um novo mundo possa nascer.

EDITORA DA UNICAMP: No seu livro, você distingue o tradicionalismo – um termo bem conhecido em um sentido geral – do Tradicionalismo – o movimento que ganhou um espaço significativo na atmosfera sociopolítica. Qual a diferença entre a palavra com "t" minúsculo e a com "T" maiúsculo?

BENJAMIN TEITELBAUM: O Tradicionalismo com T maiúsculo é uma escola filosófica e espiritual pouco conhecida e excepcionalmente enigmática, que tem raízes no sul da Europa do início do século 20. Sempre que estou escrevendo e falando sobre essa escola, gostaria que ela tivesse um nome igualmente excêntrico, mas infelizmente... O Tradicionalismo busca desvendar as verdades do universo por meio do estudo de ramos esotéricos de várias religiões, na maioria das vezes do islamismo sufista e do hinduísmo, com base na premissa de que essas religiões contêm fragmentos de ensinamentos antigos que se perderam para a humanidade. Apenas secundariamente, e só para alguns de seus seguidores, o Tradicionalismo é também uma ideologia política centrada na grandiosa e vaga tarefa de oposição à modernidade, era que eles consideram como sendo marcada pela mais profunda ofensiva às verdades eternas.

As características do Tradicionalismo que mais importam no meio político incluem, em primeiro lugar, a crença em um tempo cíclico e não linear; o que significa que, em vez de progredir a partir de um momento de corrupção para um futuro de glória, as sociedades estão quase sempre em um ciclo de declínio, que termina em um cataclisma para renascer na virtude, e, depois, o declínio inicia de novo, e assim vai. Em segundo lugar, estaria a crença de que sociedades virtuosas são formadas em torno de um sistema de castas hierárquico de base indo-europeia, com uma pequena elite de sacerdotes no topo de uma pirâmide abaixo do qual estão guerreiros, comerciantes e, finalmente, uma base formada pela massa de escravos. Quando os tempos estão bons, a hierarquia está intacta e a espiritualidade dos sacerdotes reina, mas quando os tempos estão ruins, o materialismo dos escravos e comerciantes governa, e a própria hierarquia é dissolvida à medida que a humanidade é nivelada em uma única massa. E, finalmente, a crença – às vezes chamada de "inversão" – de que quando os tempos estão ruins e a humanidade é nivelada em uma massa inferior durante o final de um ciclo do tempo, as coisas serão compreendidas de modo contrário ao que realmente são: o que pensamos ser bom é, na verdade, ruim; alguém que é oficialmente devoto ao campo espiritual é um escravo do materialismo; professores espalham ignorância em vez de conhecimento; jornalistas desinformam; artistas criam feiura etc.

Tudo isso prepara o terreno para uma análise política que rejeita noções liberais fundamentais de progresso, condena o foco materialista (econômico) da maior parte da política moderna, rejeita especialidades formais e qualificações oficiais. Além disso, vê a destruição do sistema como algo necessário ao final de um ciclo de tempo, que tem, à frente, um momento de renascimento. Essa análise assenta-se majoritariamente em ensinamentos religiosos esotéricos orientais.

Alguma parcela disso pode se assemelhar ao "tradicionalismo" com t minúsculo ou ao "tradicionalista", no sentido comum do termo. Particularmente, podemos notar que tanto o tradicionalismo quanto o Tradicionalismo compartilham do ceticismo em relação ao progresso e da crença de que a sociedade está se tornando menos ordenada e mais caótica, vazia de autenticidade. Entretanto o Tradicionalismo não só leva essas ideias a pontos extremos e as defende com base em ensinamentos religiosos que podem ser considerados obscuros, mas também introduz uma característica peculiar ao considerar que o declínio da sociedade pode ser saudado e comemorado como um sinal de que um ciclo de tempo está chegando ao fim e o renascimento está se aproximando. O declínio social deixa um tradicionalista pessimista, mas um Tradicionalista esperançoso.

O Tradicionalismo busca desvendar as verdades do universo por meio do estudo de ramos esotéricos de várias religiões.

EU: Como o Tradicionalismo interpreta a história?

BT: Os Tradicionalistas olham para a sociedade atual e veem um mundo cada vez mais homogeneizado, onde fronteiras de todos os tipos – entre nações, gêneros, culturas, etnias – estão sendo apagadas. Eles veem a distinção e o papel social dos líderes espirituais como dessacralizados. O materialismo, ao contrário da espiritualidade, é o princípio predominante na sociedade e é o que permite a expansão do nivelamento e da homogeneização do mundo. E os Tradicionalistas pensam que tudo indica que estamos indo em direção ao fim de um ciclo de tempo – a era das trevas do Kali Yuga. E acreditam que o tempo é cíclico e que às trevas absolutas segue-se uma era de ouro (antes de o declínio começar outra vez). O Tradicionalismo, ademais, sugere que uma mudança profunda está se aproximando e que formas sociais opostas às de hoje – um ressurgimento de fronteiras políticas e sociais, da hierarquia e da teocracia – irão voltar.

Esse é um relato geral da história e de como o presente insere-se nela de acordo com o Tradicionalismo político. No entanto, à medida que você se afasta das generalizações e vai para as especificidades, observa que os indivíduos divergem em seus entendimentos, assim como variam na ênfase que colocam nos elementos dessa narrativa histórica. Por exemplo, no livro, eu mostro como diferentes figuras atribuem ora à China ora aos Estados Unidos o papel da força de globalização, homogeneização e secularização. E essas figuras têm diferentes níveis de adesão à crença de que revoluções populistas ao redor do mundo são uma reação a essa força. Além disso, Bannon valoriza o Brasil porque acredita que o país chegou atrasado à modernidade e, assim sendo, talvez tenha preservado mais virtudes pré-modernas, as quais poderiam ser usadas para ressuscitar o resto do Ocidente.

EU: Até pouco tempo, o Tradicionalismo era um movimento muito isolado na política de direita. O livro revela que uma das formas pelas quais sua influência política cresceu não foi propriamente pela política, mas pela metapolítica, ou seja, pela formação de valo-

res culturais por meio "das artes, do entretenimento, do intelectualismo, da religião e da educação". Como o Tradicionalismo liga-se à metapolítica? Como a metapolítica Tradicionalista opera em diferentes países, como os EUA, a Rússia e o Brasil?

BT: Metapolítica, de modo geral, é o ativismo político conduzido por meios pouco ortodoxos. É a crença de que para formar valores políticos em uma sociedade, você não deve tornar-se um político, mas, em vez disso, um poeta, um ator, um músico, um educador ou um jornalista, pois são eles que criam a nossa visão de mundo. Os políticos simplesmente reagem a isso. A metapolítica tem pouca conexão formal com o Tradicionalismo, mas ambos são populares em alguns círculos intelectuais de extrema direita. E pode haver uma razão para o interesse despertado por ambos, porque tanto a estratégia da metapolítica quanto a ideologia embutida no Tradicionalismo rejeitam o sistema político eleitoral democrático (relembrando que, para os Tradicionalistas, explicações oficiais de todos os tipos estão fadadas a estar erradas na modernidade). Pode ser por essa razão que as figuras políticas inspiradas pelo Tradicionalismo estão exageradamente envolvidas nos meios de comunicação e nos intelectuais. Enquanto trabalhava para o Brexit e para Trump, Bannon empenhou-se em estudar e aplicar novas técnicas de manipulação dos eleitores por meio das redes sociais, e, atualmente, tenta fundar uma escola para ideólogos populistas na Itália. Dugin e Olavo são escritores, jornalistas e professores. Mesmo as figuras secundárias no meu livro, como Jason Jorjani e Tibor Baranyi, não são apenas escritores, mas trabalham nos meios editorial e educacional.

Mas a conexão que estabeleço entre essas atividades e as orientações ideológicas dos que atuam nelas é uma relação de concorrência inteligível e não uma ligação explícita e teorizada. O Tradicionalismo, em suas formas mais doutrinárias, não almeja mudar a sociedade, porque acredita que as mudanças mais importantes estão fadadas a acontecer devido a um ciclo cósmico de tempo. Não procura converter as massas às suas mensagens, porque as massas não devem ser celebradas ou enaltecidas. Por essas razões, é difícil falar de metapolítica Tradicionalista. A metapolítica, por sua vez, é o marco de uma corrente radical de direita, cujo interesse em romper com a ortodoxia tende a levar os seus membros a ideias e a métodos alternativos.

EU: O movimento Tradicionalista recorre a meios de comunicação novos e parece legitimar-se negando a credibilidade da mídia hegemônica. Quão crucial foi isso para a expansão do Tradicionalismo como uma força política?

BT: Aceitar os meios de comunicação hegemônicos como legítimas fontes de informação sobre os eventos atuais vai de encontro aos entendimentos mais essenciais dos Tradicionalistas. De acordo com eles, na era em que vivemos, por definição, instituições profissionais como os meios de comunicação estão preparadas para produzir um conteúdo oposto ao que deveriam (lembrem-se do princípio de "inversão" mencionado há pouco). Essa postura pode não parecer diferente da de um populista comum de direita, mas será assim apenas se não olharmos para as motivações e justificativas dela. É aqui, bem como em suas oposições à ciência e à educação formal, que a escatologia obscura do Tradicionalismo e a fachada antissistema da postura populista misturam-se. Então, deslegitimar a mídia hegemônica é um ponto de partida dessas ideologias. Mas ambas enfrentam um problema à medida que criam as suas mídias paralelas; afinal, como os Tradicionalistas conseguem endossar a veracidade de suas mídias em meio à era da decadência? E como os populistas podem afirmar ser antissistema se eles são o próprio sistema?

EU: No livro, você mostra que Steve Bannon disse que "nem tudo era boa notícia" quando se referiu aos racistas e antissemitas que se juntaram aos movimentos nacionalistas, apesar de ele também ter constatado que essas pessoas desapareceriam à medida que os movimentos inspirados no Tradicionalismo amadurecessem. Como a direita Tradicionalista difere do fascismo e do neonazismo?

BT: Quando distingo a direita Tradicionalista do fascismo e do nazismo, não penso em afirmar que a primeira é menos perigosa do que as duas últimas. Na verdade, o pai do Tradicionalismo político, Julius Evola, via-se à direita do fascismo.

O Tradicionalismo considera-se verdadeiramente antimoderno e frequentemente acusa o fascismo e o nazismo – apesar de suas naturezas destrutivas – de serem causas políticas essencialmente modernas. E esse raciocínio não é falso ou difícil de acompanhar, pois o fascismo e o nazismo acreditam na organização e racionalização da massa, no potencial revolucionário da ciência moderna e em alguma forma de igualitarismo.

Tanto o nazismo quanto o fascismo eram progressistas, apesar de terem suas próprias visões de progresso e enxergarem o passado como algo a ser superado. Os Tradicionalistas consideram tudo isso como uma perigosa réplica dos mesmos princípios que sustentam o liberalismo. E a justificativa dos Tradicionalistas que apoiaram o nazismo e o fascismo (como, novamente, Julius Evola) foi a de que um nacionalismo reacionário oferecia uma alternativa temporária às forças niveladoras ainda mais massificantes do comunismo e do capitalismo global. Para eles, se o fascismo prevalecesse, ele poderia ser, mais tarde, transformado em um modelo sociopolítico mais teocrático, menos materialista e menos igualitário, que talvez se aproximasse melhor dos ideais Tradicionalistas.

Isso me torna pouco receptivo às ideias daqueles que acreditam que o Tradicionalismo não passa de fascismo disfarçado. E deve-se reconhecer também que a escola de pensamento Tradicionalista é capaz de evitar algumas das características descaradamente incendiárias de Hitler e Mussolini. O racismo e o machismo explícitos, por exemplo, são variáveis que aparecem em apenas algumas correntes do Tradicionalismo. Ainda assim, em praticamente todas as circunstâncias, os Tradicionalistas não apoiam movimentos progressistas e emancipatórios como o feminismo ou o antirracismo (emancipação, ou seja, a libertação de um passado de opressão para um futuro de liberdade, é um conceito falso aos olhos Tradicionalistas). E a oposição deles frente à democracia liberal é mais profunda, mais teorizada e, possivelmente, mais radical e elaborada do que a de um neonazista médio atual.

EU: Como você mostra no livro, Tibor Baranyi, o conselheiro do partido nacionalista húngaro Jobbik, considerou que você era um tipo de espião e sabotador e recusou-se a encontrar com você. Houve outros momentos tensos durante a sua pesquisa, especialmente quando você conheceu as figuras mundiais mais influentes da direita Tradicionalista?

BT: Todas as interações cara a cara que tive foram cordiais e agradáveis. Isso vale tanto para Bannon e Olavo quanto para Baranyi. Para Dugin também, embora eu deva mencionar que ter qualquer tipo de contato com ele nos Estados Unidos sempre foi muito estressante, dado que ele está sob sanção do governo.

Na verdade, os momentos mais inquietantes e ameaçadores ocorreram quando eu acompanhava uma rede bizarra de agentes que estavam tentando usar o Tradicionalismo para fazer lobby para Bannon e, depois, Trump. Eles pareciam pouco sérios em vários aspectos, cheios de si e constantemente delirantes. Ainda assim, eles induziam as pessoas ao seu redor a agirem não só de maneira inconsequente, mas criminosa. Eu estava me preparando para aproximar-me de uma dessas figuras, um homem chamado

Michael Bagley, quando, durante a minha pesquisa, ele foi preso em uma operação do FBI por tentativa de lavagem de dinheiro para um cartel de drogas mexicano.

Fiquei contente por não ter chegado muito perto dessa situação, mas foi um lembrete de que quando você se aventura nas margens ideológicas mais extremas, frequentemente entra em mundos de instabilidade social e insegurança profundas. Foi uma situação dramática com Bagley, mas estilos de vida caóticos e destrutivos também fazem parte da biografia de outras figuras proeminentes que estudei – algumas sobre as quais escrevi, algumas não.

EU: Os ricos financiam Tradicionalistas. Steve Bannon recebeu milhões de dólares dos bilionários Rebekah e Robert Mercer para criar a Cambridge Analytica, a empresa de dados que influenciou o Brexit e a eleição de Donald Trump. Aleksandr Dugin foi financiado por ricos entusiastas do ocultismo. E, embora a fonte de financiamento de Olavo de Carvalho não seja definida, ela deve existir, pelo menos para cobrir suas altas despesas com os escritórios de advocacia, dados os muitos processos contra ele. Qual é o retorno esperado desses investimentos em Tradicionalistas?

BT: O interesse financeiro em Bannon, Olavo e Dugin é baseado na política prática, na habilidade dessas figuras de promover líderes e partidos populistas de extrema direita. Se os ricos financiadores possuíssem um entendimento total do que é o Tradicionalismo, presumo que reagiriam negativamente. Ou talvez não levassem o que descobriram a sério, vendo-o como um esquisito interesse paralelo dos estrategistas e propagandistas que financiavam.

No entanto, a falta de atenção às ligações dessas figuras com o Tradicionalismo tem uma razão mais profunda. O que é surpreendente – e é um mistério que apresento no livro, mas não tento resolver – é que, em muitos casos, interesses poderosos recorreram a ideólogos que tinham acesso a formatos alternativos de mídia, a fim de promover seus objetivos políticos, e acontece que cada um deles tinha uma afiliação ao Tradicionalismo. Bannon, Olavo e Dugin são só alguns de muitos ao redor do mundo que poderiam servir de estrategistas ou porta-vozes para o populismo de direita. Mas cada um deles, independentemente um do outro, tem uma ligação com escolas de pensamento que, basicamente, não existem no mundo da política – sejam elas espiritualidades alternativas em geral ou o Tradicionalismo em particular. As suas orientações ideológicas similares e incomuns podem parecer mera coincidência ou, em outras palavras, algo que não é essencial às campanhas públicas que promovem o populismo de direita padrão. Não podemos considerá-las mera coincidência e excentricidade, não apenas pela originalidade extrema do Tradicionalismo, mas especialmente pelo fato de essas figuras terem ganhado consciência umas das outras e de suas afiliações comuns, e, além disso, por tentarem se mobilizar e agir a partir dessa afiliação.

EU: Olavo de Carvalho criticou enfaticamente o seu livro, dizendo que você o associa erroneamente ao Tradicionalismo. Você gostaria de comentar suas afirmações?

BT: Normalmente, eu ficaria bastante aflito ao saber que alguém sobre quem escrevi sentiu-se mal representado. Isso, em especial, me atinge, porque eu já vi jornalistas e acadêmicos convencionais similares a mim se safarem com falsas caracterizações, contanto que estivessem criticando a extrema direita. Poucas pessoas que têm impacto na minha carreira vão policiar esse aspecto do meu trabalho, então considero fundamental que eu mesmo o policie.

Portanto, eu fiquei bastante preocupado quando li as afirmações do Olavo pela primeira vez. Todavia os seus comentários iniciais consistiam em acalorados ataques pessoais sem conteúdo, o que é a sua resposta padrão a qualquer um que escreva sobre ele. Quando ele começou a dar detalhes e apresentar argumentos de verdade, os argumentos em si eram sem sentido. Ele despendeu bastante tempo reclamando de uma só palavra, a minha descrição dele como parte do "círculo" de Bannon (*Bannon's "circle"*), apesar de a palavra "círculo"(*"circle"*) aparecer só no subtítulo de uma das versões em inglês do livro, e nunca com esse mesmo significado no corpo do texto (apesar de Olavo certamente fazer parte de um círculo que inclui Bannon e outros afiliados a Bolsonaro em Washington). Ele me acusou de exagerar a quantidade de tempo que passei com ele, apesar de eu ter detalhado logo no começo do livro, clara e precisamente, qual foi a extensão do nosso contato. Ele contestou ter sido colocado no mesmo grupo que o ideólogo russo Aleksandr Dugin, ignorando o fato de que eu dediquei um capítulo inteiro aos conflitos pessoais e filosóficos entre os dois. Suas objeções mais amplas a ter sido afiliado ao Tradicionalismo também nunca foram substanciais em conteúdo. Por isso, eu mantenho as caracterizações que fiz. Eu esperava que Olavo fosse abordar a conclusão à qual cheguei, de que ele não é um pensador ortodoxo de qualquer espécie. Apesar de haver ressonância entre ele e o Tradicionalismo em suas oposições à globalização, ao materialismo, ao progressismo e à ciência, ela deve ser majoritariamente interpretada como um sintoma da disposição de Olavo de rejeitar as formas padrão de conhecimento. Nem mesmo esse nível básico de nuance pode ser encontrado em suas reações, tanto a esse tópico quanto a qualquer outro.

Então, eu abordei os seus comentários com bastante cautela, esforçando-me para ver além da acidez deles. Mas acabei desapontado pelo conteúdo deles, ou, melhor dizendo, pela falta de conteúdo. Por que esse excesso de emoção com uma base tão escassa – um "som e fúria, significando nada"? Eu tinha algumas suspeitas, a primeira sendo sua aversão profissional a associar-se a qualquer coisa e a qualquer um ("Eu sou o meu próprio guru agora", ele declarou certa vez). A segunda era de que ele evitava um assunto tratado no livro, que agora penso ser o que mais o incomodou: o meu relato sobre o seu envolvimento com o Islã e com o Tradicionalista sufista Frithjof Schuon. Ele falou sobre isso posteriormente, mais especificamente em uma entrevista para a BBC, primeiro dizendo que eu entendi tudo errado, mas depois expondo um episódio do seu passado que combinava com tudo que eu havia escrito no livro. Não foi uma surpresa. Afinal, o que escrevi foi embasado em pesquisas acadêmicas, documentos judiciais oficiais e em entrevistas com o próprio Olavo de Carvalho. Ainda assim eu ri quando li aquela entrevista, suspirei e falei "dane-se" para a tela do meu computador. E fui fazer outra coisa.

Poucos dias antes, eu havia começado a ler alguns tweets dele sugerindo que eu estava tentando arranjar alguém para espioná-lo e dizendo que ele só se encontrou com Steve Bannon "duas vezes", embora uma simples pesquisa no Google Imagens fornecesse prova ampla do contrário. Quando eu me deparei com a entrevista da BBC, já estava farto de ver o Olavo balançar um pano velho no ar como se fosse uma bandeira, ao rugido dos aplausos de seus devotos.

Concluí, relutantemente, que, enquanto aspectos de seu pensamento e de sua biografia merecem uma análise mais séria, os detalhes de sua tagarelice nas mídias sociais, não. Nesses fóruns, quanto mais fundo você vai, menos sentido faz.

"

Voltamos aos vagões com o coração vazio. Não sentimos nenhuma alegria vendo Viena destruída e os alemães vencidos: pena, não era compaixão, mas uma pena mais ampla, que se confundia com a nossa própria miséria, com a sensação pesada e grave de um mal irreparável e definitivo, presente por toda a parte, aninhado como uma gangrena nas vísceras da Europa e do mundo, semente de danação futura."

PRIMO LEVI_*A Trégua*

NEONAZISMO,

ESTRATÉGIAS PARA TEMPOS EXTREMOS

conversa com

Renato Levin Borges

RENATO LEVIN BORGES, professor de Filosofia na rede pública de Porto Alegre e doutor em educação pela Universidade Federal do Rio Grande do Sul, faz parte da geração que pesquisa e identifica nas redes sociais tendências e ações políticas hoje fundamentais na formação de opinião. Como produtor de conteúdos no TikTok, Instagram, YouTube e Twitter (@nietzsche4speed), ele vem divulgando informações sobre as estratégias de infiltração da extrema direita no Brasil e no mundo, e suas implicações em campanhas eleitorais e na chegada ao poder de líderes antidemocráticos. A tentativa de transformar países em Estados "étnicos", que pretendem sufocar qualquer diversidade, e a "normalização" de ideias supremacistas, fascistas e nazistas, com jargões repetidos de forma incessante por comunicadores populares, são dois aspectos que Renato aborda a seguir.

ELIANE PSZCZOL & HELIETE VAITSMAN: Nós, brasileiros, devemos nos preocupar com a ascensão do neonazismo?

RENATO LEVIN BORGES: Sim, acho que devemos nos preocupar. Temos dados sobre esse aumento e não apenas impressões. Vemos um crescimento, no Brasil e no mundo, em regiões onde antes não havia registros relevantes. A retomada da extrema direita é global, embora aqui ela se dê com as especificidades do cenário brasileiro. Aparece como resposta tanto à popularização das redes sociais como também à crise de 2008, a crise hipotecária nos Estados Unidos. Ela vem mais uma vez, como o fascismo histórico dos anos 1920-1930, no rescaldo de uma grande crise econômica global e se vale de alguns grupos que existem e se articulam há muito tempo, mas encontram, agora, um momento propício, uma articulação que penso ser nova.

O recrudescimento da extrema direita representa um cenário novo porque coloca em jogo toda a articulação que a internet propicia e potencializa. Sim, devemos nos preocupar, porque esse fenômeno não está só nas franjas da sociedade — como esteve por muitos anos — e em casos episódicos. A extrema direita hoje se encontra em programas de governo e em candidaturas que acabam se elegendo em vários lugares do mundo. Então, é bastante preocupante, na minha perspectiva como pesquisador e também como bisneto de sobreviventes do Holocausto — e daí vem meu interesse pela pesquisa. Temos que prestar muita atenção às novas estratégias da extrema direita, não só a global como a nacional, que estão mudando, tomando novos rumos.

EP&HV: Mudando em que sentido?

RLB: A extrema direita não só continua fazendo o mesmo tipo de embate que ela sabe fazer, mas aprendeu a ser mais estratégica e a se infiltrar em partidos políticos, principalmente a partir de leitores e entusiastas do pensador russo Alexandr Dugin. Por isso é importante prestar atenção na Nova Resistência, grupo brasileiro que está divulgando Dugin e cuja estratégia discursiva também encanta parcelas da esquerda, como Dugin faz. Ele constrói uma retórica antiestadunidense, anti-imperialista e iliberal, ou antiliberal, para depois construir uma percepção de Estado muito próxima do etno-Estado, uma nomenclatura eufemista usada pela extrema direita global para propor a formação de Estados de supremacismos brancos, os Estados europeus e o estadunidense.

Por que isso é diferente do que havia? Porque eles começaram a se infiltrar em alguns partidos políticos. O grupo Nova Resistência, por exemplo, tem se infiltrado, mais estrategicamente, no PDT. É por isso que digo que há uma mudança, não só na internet, não só no recrutamento. Eles estão angariando números significativos de simpatizantes para as suas fileiras, e a estratégia institucionalizada de infiltração no cenário político e institucional é perigosa no médio-longo prazo. Eles não abandonaram sua forma tradicional de atuar, mas adicionaram uma camada a mais, com um discurso mais sofisticado. Dugin é um intelectual— por mais espúrios que sejam os seus objetivos —, ao contrário de sua figura análoga na política brasileira, Olavo de Carvalho. Foi professor titular de Filosofia na Universidade de Moscou, tem influência sobre a política russa, embora um ponto ainda a ser discutido é o quão influente é sobre Putin. Mas ele é, possivelmente, o pensador que mais está ganhando projeção intelectual na extrema direita, e, pasmem, também tem ganhado apoio na esquerda, onde muitos não se dão conta dessa nova estratégia, que é muito mais refinada.

EP&HV: Você citou o PDT. Pode explicar como acontece essa infiltração?

RLB: O caso do PDT é emblemático. A infiltração, que antes acontecia em pequenos núcleos, mudou de perfil e agora vemos pessoas que se infiltraram a partir do grupo Nova Resistência até chegar a círculos eventualmente próximos a Ciro Gomes, desse modo alcançando um nível nacional. Dois casos recentes de grandes figuras paradigmáticas que entraram no PDT sinalizam isso: Aldo Rebelo e o comandante Robinson Farinazzo, que é um bolsonarista, e principalmente um olavista, e fez, inclusive, uma live com Alexandr Dugin. Tanto Aldo como Farinazzo têm perspectivas bastante próximas à Quarta Teoria Política de Dugin, e eles adequam, para o caso brasileiro, essa retórica anti-imperialista, antiliberal, antineoliberalista — porque, na perspectiva de Dugin, o comunismo e o fascismo foram derrotados historicamente e sobrou apenas o liberalismo. Então, todas as chagas do mundo, atualmente, têm origem no neoliberalismo.

Como eles se valem disso no Brasil? Usam essa crítica anti-imperialista e, a partir daí, fazem uma recuperação enviesada do getulismo, de um projeto nacional desenvolvimentista que recorre a Getúlio Vargas, com toda sua ambiguidade — e nós conhecemos, historicamente, essa ambiguidade em relação ao fascismo e também à questão da entrada do Brasil na guerra — para restituir, em torno da figura de Getúlio, uma versão brasileira da Quarta Teoria Política de Dugin. Digo que a entrada de Aldo Rebelo e do comandante Farinazzo no PDT é emblemática porque representa uma dimensão maior do que antes se dava em pequenos círculos. Essa prática de entrismo a partir da extrema direita acontece desde os anos 2010, mas eles estão se estruturando em torno da reconstrução de um projeto, que me parece muito mais estratégico e, portanto, muito mais perigoso.

Aldo Rebelo passou a se aproximar dos militares. Sua teoria, o Quinto Movimento, é muito próxima e facilmente utilizável pela perspectiva duginista de um nacional desenvolvimentismo, que é um etno-Estado. No caso brasileiro, não podemos falar de supremacismo branco, mas, ainda assim, é um etno-Estado. Eu não diria que Aldo seja abertamente um duginista, mas sua proposta é tão análoga a de Dugin, ele tem cortejado tanto os militares e dado declarações tão esquisitas (de uma perspectiva da esquerda e da própria trajetória dele), que isso o coloca como uma figura que, estrategicamente, por ser grande dentro do partido, pode modulá-lo por esse caminho do entrismo, dessa Nova Resistência dos duginistas.

Em seu livro *Quarta Teoria Política*, Dugin propõe a utilização de algumas estratégias da esquerda, inclusive bolcheviques. O próprio Dugin fez parte do partido fundado pelo escritor russo Eduard Limonov em 1993, o Partido Nacional Bolchevique, que é essa coisa esquisitíssima, que consiste em agregar ao Nacional-Socialismo o que eles consideravam válido no bolchevismo, ou seja, radicais de extrema esquerda e extrema direita na mesma tribuna. Um projeto fascista, de um Estado forte, antiliberal, que valoriza a tradição e a cultura. E quando eles falam "valoriza a tradição e a cultura", o intuito é o de, abertamente ou não, dizer que essas questões multiétnicas, de direito de minorias, são implementações liberais estrangeiras.

Isso acaba facilmente levando ao antissemitismo, a um projeto de destruição do judeu. O professor Michel Gherman afirma que no fundo dessas teorias de extrema-direita existe sempre a modulação de uma teoria antissemita clássica. Acredito que Ciro Gomes não seja um adepto dessa teoria e talvez nem tenha a dimensão dela, porque esse fenômeno é algo que vem sendo denunciado muito recentemente. Mas o tipo de comentário preconceituoso feito por ele em relação aos judeus dá vazão a um imaginário que acaba reconhecendo — e a extrema direita europeia faz isso — nos judeus, nos Estados Unidos e, eventualmente, nos muçulmanos o perigo da destruição da cultura nacional. Embora, e eis aí um paradoxo, Dugin seja muito lido no Irã e valorize as nações que seguem a tradição muçulmana porque são tradicionalistas, estão ligadas à ideia de uma nação, de um povo que não se corrompeu pelos valores liberais, que "não se perdeu de suas tradições". Esse nacionalismo é um projeto moral e eticamente bastante conservador, na pior acepção da palavra.

EP&HV: Existem paralelos com o pensamento de Steve Bannon, que também aprendeu com Dugin e é próximo da família Bolsonaro?

RLB: Sim, Bannon e toda essa corrente conservadora que faz parte do que é chamado de paleoconservadorismo: são esses que dizem "os nossos conservadores, o Bush filho e outros, são liberais demais, aceitam minorias demais, não são conservadores o suficiente". Eles representam uma linha extremamente dura do conservadorismo que defende o etno-Estado. "Nós não somos racistas, somos racialistas, queremos um Estado negro para os negros, um branco para os brancos". O filme *Medida Provisória*, dirigido por Lázaro Ramos, é excelente porque mostra um pouco essa ideia de um etno-Estado a partir de um discurso que promove a minoria, esse tipo de armadilha. Recomendo o filme, acho que ajuda muito a ilustrar o que estamos falando.

EP&HV: Nessa concepção, a política de reforço da questão étnica seria um risco?

RLB: Sim. Como desdobramento dessa perspectiva de etno-Estado, as políticas afirmativas possivelmente seriam atacadas. Porque a valorização étnica de uma certa identidade visa a construir aquilo que o filósofo italiano Giorgio Agamben chama criticamente de "um povo sem fraturas". Há a promoção de uma identidade nacional com estruturas extremamente rígidas e hierarquizadas dos grupos que compõem a Nação. No Brasil, que é uma nação multiétnica, existe um certo modo de ser negro, um certo modo e um certo lugar de ser indígena, um certo modo e um certo lugar de ser branco, dentro dessa noção do que é ser brasileiro.

No etno-Estado, nas teorias paleoconservadoras, nas teorias da *alt-right*, eles são abertamente supremacistas brancos. No Brasil, no entanto, há uma adequação, uma espécie de flexibilização, que não é menos perniciosa, pois concebe o lugar subalterno do negro, do indígena, mas exclui, por exemplo, as minorias de orientação sexual, pois elas iriam contra a tradição, uma tradição extremamente cristã proposta como o fundo da identidade brasileira que se planeja constituir nesse povo sem fraturas.

EP&HV: Isso se aproximaria do neonazismo? O que diferencia, a seu ver, o neonazismo do nazismo? O que pode entrar na categoria de neonazismo?

RLB: Nos casos estadunidense e europeu, em que são abertamente supremacistas brancos, fica mais fácil conectar com o neonazismo. Lá, em muitos casos, adotam uma política anti-imigração, xenofóbica, preconceituosa, ou de discriminação de minorias de orientação sexual divergentes da heteronormatividade. Na invasão russa à Ucrânia, vimos isso acontecendo de modo muito evidente quando a Polônia abriu suas fronteiras para a entrada de refugiados ucranianos, brancos, e os imigrantes africanos que moram e trabalham na Ucrânia foram preteridos. Esse tipo de política de etno-Estado é muito próxima de um supremacismo branco.

No caso brasileiro, a questão é um pouco mais sensível. Um dos *fronts* de batalha dessas teorias ultraconservadoras são as políticas afirmativas, que buscam dar conta de um problema de reparo histórico. Segundo o duginismo, elas estão associadas a valores importados – a partir da noção liberal de acesso propiciado pelo Estado – que propõem a promoção de um grupo minoritário a um patamar econômico mais elevado, e isso para os supremacistas é um problema. Mas tudo ainda está nebuloso em relação a um projeto nacional inspirado na Quarta Teoria Política duginista.

O que com certeza já é um problema bem próximo – e aí com tintas fascistas – é o etno-Estado, ou seja, a valorização de uma nacionalidade única, costurada como o "sujeito brasileiro". A fala de Abraham Weintraub, ex-ministro do governo Bolsonaro, na reunião vazada a partir da denúncia do também ex-ministro Sérgio Moro, em que ele diz "eu odeio essa palavra, povos indígenas", e que ele reforça perguntando "existe brasileiro?", essa fala aponta o caminho: há um processo de apagamento na constituição de quem é "o brasileiro". Não é mais o povo indígena, não é mais o povo negro, não são mais os direitos LGBTQIA+, é sim "o brasileiro". E "o brasileiro", quando pensamos nisso, é uma pessoa sobre o pano de fundo de uma moralidade cristã, heteronormativa, com a óbvia prevalência dos brancos nas posições de poder. É isso que está se constituindo, só que de uma maneira muito mais sutil, porque a estratégia discursiva dos duginistas do Brasil consiste em valorizar os povos originários, em valorizar figuras do movimento negro. O problema é como isso vai se desdobrar na constituição desse "povo brasileiro unitário", que, de algum modo, vai relegar, ou apagar, as multiplicidades existentes.

EP&HV: O que significa "valorizar os povos originários", nesse caso?

RLB: Há discursos que, visando a ser anti-imperialistas, promovem alguns povos originários brasileiros para dizer "a Amazônia é do Brasil", "que os ianques não venham aqui tomar a Amazônia, porque aqui tínhamos os Tupinambás", ou alguma figura histórica importante dos povos originários. Com isso valorizam esses povos como "protobrasileiros", como sendo a origem desse povo brasileiro que é guerreiro, que ama sua terra e suas tradições.

O ponto-chave é entender a questão da tradição, a relação do conservadorismo com a tradição, a terra e a soberania nacional, que, em última instância, está vinculada à xenofobia e à constituição de um povo unitário. Isso guarda muita semelhança com o fascismo histórico, porque subjuga e apaga os povos minoritários na busca de constituir esse povo único, esse povo sem fraturas, "o brasileiro". Claro que, no caso russo, no caso ucraniano ou no britânico, esses grupos não têm esse tipo de negociação, não precisam fazer essa intermediação, são supremacistas brancos e afirmam "a Ucrânia é branca; a Inglaterra é branca, e esse vai ser o nosso Estado, o nosso etno-Estado".

Em relação à distinção entre nazismo e neonazismo, o que diferencia ambos não é apenas o período histórico. O nazismo histórico acontece com a ascensão do Partido Nacional-Socialista alemão, com Hitler, principalmente nos anos 1930, e finda como governo em 1945, com o fim da Segunda Guerra Mundial. Neonazismo é tudo o que vem posteriormente e é inspirado ou busca restituir os valores centrais do nazismo: a promoção de um grupo humano étnico como sendo o único que tem direito àquela nação; uma política voltada ao nós contra eles; a eleição de um povo que corrói os valores centrais e que deve ser eliminado, eventualmente no plano discursivo, mas muitas vezes no plano da eliminação física; um Estado extremamente controlador, embora as experiências contemporâneas da extrema direita conciliem um Estado que é, ao mesmo tempo, ultraliberal em relação à economia e ultraconservador nos valores morais que norteiam a legislação e as instituições.

Assim, o neonazismo são essas modulações que partem de ideias centrais ao nazismo histórico, ao fascismo alemão, para constituir, dentro de cada contexto, novas relações, tendo como centralidade as ideias de supremacismo branco, heteronormatividade, depreciação da posição social da mulher e de povos tornados inferiores nesse horizonte ontológico racista, e um Estado centralizador que regula a vida.

O neonazismo se vale de tudo isso e acredita, principalmente, no supremacismo branco. Ele traz também um conservadorismo moral, outras estruturas de poder que, eventualmente, vão se adequando a contextos. Nesse sentido, o neonazismo em 2022, no Brasil ou na Rússia, é muito diferente do que era nos anos 1990. Há uma nova inflexão, até porque os diagramas de poderes, o tipo de capitalismo e de Estado vão mudando. E é evidente que não podemos falar de neonazismo hoje sem passar pelas redes sociais e pelo poder que o discurso nessas redes é capaz de alcançar, promovendo um crescimento absurdo dessas teorias.

EP&HV: Você acha que a publicidade dada a comentários negacionistas e racistas como os de Monark (o youtuber Bruno Ayub) e Adrilles (comentarista da Rádio Jovem Pan, Adrilles Jorge) é danosa? Ou é pedagógica ao proporcionar um espaço para discussão de temas antes restritos quase que exclusivamente à comunidade judaica?

RLB: O historiador francês Pierre Vidal-Naquet escreveu, no artigo "Eichmann de papel", que não podemos debater com revisionistas, não devemos chamar a atenção para os negacionistas do Holocausto porque assim nós os trazemos para os holofotes. Mas foi problemático, por exemplo, não denunciar Olavo de Carvalho, a grande cabeça da extrema direita brasileira. De modo geral, ele foi negligenciado pelos estudos acadêmicos e isso acabou fazendo com que ele conseguisse, numa linguagem do futebol, jogar desmarcado. Ou seja, não teve seus estratagemas desnudados, não foi combatido. Como pesquisador, e vendo como funcionam as redes sociais, me parece importante denunciar essas pessoas, tomando alguns cuidados imprescindíveis. Mas para isso temos que entender como funciona uma rede social.

Quando denunciei o caso do Monark [ele defendeu que o Brasil deveria ter um partido nazista legalizado e que é aceitável que cidadãos sejam antijudeus], tive o cuidado de não compartilhar da página dele, ou não produzir algo que levasse à página dele. Porque se eu não tomar cuidado, os algoritmos das redes sociais vão direcionar a ele todos aqueles que reagirem ao que eu denuncio. E até mais do que isso: no ano passado, nas redes sociais, uma funcionária do Facebook atuou como *whistle blower* e contou que internamente a empresa sabia que assuntos divisivos e polarizadores traziam mais engajamento na rede e escolheu manter esse tipo de estrutura. Portanto, precisamos ter cuidado, mas a denúncia tem que ser feita.

Monark poderia passar por um sujeito inocente – talvez ele até tenha falado sem ter muita consciência de para que serve aquele tipo de pensamento. Mas a verdade é que, dentro de um quadro maior de estratégias da extrema direita global, está fazendo o jogo de puxar o debate público para coisas que não deveriam estar no debate público.

EP&HV: Foi nessa ocasião que você começou a mencionar a Janela de Overton? O que é essa teoria?

RLB: Falei da Janela quando comecei a produzir conteúdo para as redes sociais, a partir de minha pesquisa sobre a extrema direita, cuja estratégia remonta à Nova Direita francesa dos anos 1960 – a *Nouvelle Droite*, que se agrupou em torno da figura do acadêmico e filósofo Alain de Benoist. Ele usou o conceito de metapolítica, uma versão da direita baseada no filósofo marxista italiano Antonio Gramsci, utilizando a perspectiva gramsciana de que a política se origina e se desenvolve a partir da batalha cultural. Ou seja, não adianta implantar um governo extremamente progressista se o povo não está sendo culturalmente preparado para isso. Mas como a metapolítica tem pautas extremamente chocantes, essa extrema direita — principalmente a contemporânea, e a *alt-right*, que nasce como *alternative* *right* (direita alternativa) nos Estados Unidos — faz de tudo para tentar se desvincular do nazismo e do fascismo. Seus membros fazem isso o tempo todo e depois começam a confundir as coisas, tentam dizer que são de esquerda, para nublar o campo.

Uma das estratégias da metapolítica da extrema direita é mover o debate para assuntos que são tabus numa sociedade, mas que não vão gerar aceitação imediata. E como funciona isso? Em 2013, o professor da Universidade de Michigan, Joseph Overton, criou uma teoria, a Janela de Overton, segundo a qual, com o passar dos anos, os temas aceitos ou que são plausíveis para debate se movem. Uso como exemplo o fato de que há cem anos era plausível falar, no debate público, de escravidão ou de superioridade branca, o que não quer dizer que todas as pessoas aceitassem, mas era plausível. Com o tempo, por óbvio, pela lógica, isso se tornou um tabu. Então, a Janela se moveu.

Quando o Monark faz uma fala do tipo "eu sou contra o nazismo, mas acho que as pessoas deveriam ser livres para se associar e fazer um partido", como ele está movendo a Janela? As pessoas vão dizer "nazismo é errado", mas se uma parte desse argumento absurdo for tomada como plausível, a Janela se move. E qual é essa parte? "Se a gente vive numa democracia mesmo, as pessoas têm que ter o direito, mesmo que defendam coisas horríveis, de se organizarem num partido que é supremacista branco, que é racista, que é homofóbico". Então, o que acontece? De acordo com a teoria da Janela de Overton, as pessoas não adotaram automaticamente o nazismo, mas moveram a Janela para um campo onde o tema não deveria nem ser debatido. Ele estava interditado não por moralidade, mas porque há uma experiência histórica que mostra o quão nocivo é defender esse tipo de discurso quando ele se organiza politicamente: o resultado que tivemos foi o Holocausto. Quer dizer, Monark moveu a Janela de Overton, quando um assunto passou de tabu para não tabu, ou discutível. Se começamos a discutir com frequência o "nazismo", "símbolos nazistas" e "quão plausível é ter um partido nazista", em alguma medida a Janela está sendo movida.

Se nós não denunciarmos essa estratégia, corremos o risco, mais uma vez, de sermos engolidos pelas redes sociais e pelos efeitos que vimos acontecer, principalmente, em 2018. O que me parece muito evidente é que eu não posso não denunciar. Porque a tentativa de ignorar talvez funcionasse na época do Vidal-Naquet, quando não existiam redes sociais, mas agora uma teoria conspiracionista entra no Facebook da minha mãe, da minha avó, da minha vizinha, do meu tio... quer dizer, eu não tenho controle sobre isso. Esse assunto vai circular, e teremos que fazer alguma coisa para defender a sociedade.

EP&HV: Num país como o Brasil, onde o nazismo não deixou marcas na memória, qual seria uma estratégia de comunicação eficaz para conscientizar a sociedade dessa ameaça?

RLB: Essa é uma aposta da minha pesquisa. Parto das minhas perspectivas filosóficas e também de recorrer um pouco à psicanálise para tentar encontrar esse caminho, que a meu ver não passa apenas pelo nível discursivo. Passa, também, pela constituição daquilo que o professor Vladimir Safatle chama de "criar novos circuitos de afeto". Mas considero que passa igualmente pela garantia de acesso a direitos fundamentais e pela reconstituição das instituições democráticas. Porque o terreno fértil para a extrema direita são as crises econômicas, institucionais e democráticas.

O fascismo não reemerge por acaso. Segundo o filósofo italiano Maurizio Lazzarato, o neofascismo é uma onda que responde à crise financeira do capitalismo de 2008, como mencionei no início desta entrevista. A partir dela, a progressiva corrosão da noção de Estado de bem-estar social leva, cada vez mais, as pessoas a uma condição de endividamento, e as respostas mais simples são governos autoritários, que identificam na minoria, no estrangeiro, toda a fonte dos males. Trata-se de um argumento simplista e muito sedutor. Então, acredito que temos de nos comunicar e construir vínculos, afetos. Porque os grupos de extrema direita são agudamente comunitários, criam vínculos de pertencimento. Nós temos que aprender a constituir vínculos de pertencimento, de acolhimento, que criem outros circuitos de afetos que não sejam os da violência, da corrosão dos valores democráticos.

Essa é uma tarefa extremamente difícil. Tento implementar algumas dessas práticas na escola e nos outros ambientes em que atuo, é uma disputa que se dá em vários âmbitos, onde as pessoas estão, no futebol, no Carnaval, no samba, na defesa de uma cultura popular. A dificuldade que enfrentamos é que nossas instituições democráticas já estão, na expressão da ministra Cármen Lúcia, "cupinizadas". Ou seja, estamos partindo de um ponto de corrosão do imaginário e das instituições democráticas em um cenário de miserabilidade, de crescimento da fome, de desemprego — terrenos férteis para a extrema direita, que acaba se valendo da vulnerabilidade das garantias de acesso aos direitos básicos. Além, claro, da grande questão que é o problema educacional, que, para nós do Sul global, da periferia do sistema capitalista, é histórico e bastante complexo, o que também dificulta nossa disputa.

Resumindo, não tenho uma só resposta, tenho várias, que passam pela constituição de pontes de afeto com aqueles que são possíveis, alcançáveis. Porque há sujeitos indisputáveis. Eles estão tão enraizados, dentro de circuitos fechados de afetos fascistizados que não conseguimos nem mesmo dialogar, nem chegar perto. Entretanto, existem pessoas (e eu as conheço, porque trabalho em uma periferia de Porto Alegre) que votaram no Lula, gostavam do Lula, passaram para o lado do Bolsonaro e não veem incoerência nisso. Apertou o bolso, passou fome, estão sendo assaltados na comunidade, alguém vem e diz, "eu vou matar todo mundo", ou "vai todo mundo ganhar uma bolsa Brasil e vai ficar tudo bem", o pessoal migra.

EP&HV: Por falar em pontes de afetos, existem grupos da comunidade judaica brasileira tentando uma aproximação mais consistente com movimentos negros. Mas é difícil quebrar a distância, superar os chavões.

RLB: O que demonstra também a questão do filósofo francês Félix Guattari sobre microfascismo. Esses clichês, esses chavões antissemitas, acabam habitando eventualmente até mesmo setores da esquerda judaica. Isso é muito arraigado, essa construção do judeu como rico, fora do povo, banqueiro, milionário. A própria imagem de George Soros, por trás de toda a teoria da conspiração, quem é ele, no fundo? Um judeu rico que financia a destruição da tradição, esse é o argumento, usado inclusive por Viktor Orbán, primeiro-ministro da Hungria, que estudou com uma bolsa dada por uma fundação de Soros e depois o enquadrou naquela tradição medieval horrível do judeu errante que vai destruindo as nações. Portanto, é muito difícil desconstruir esse espaço, essa construção subjetiva e afetiva do microfascismo.

Também há uma dificuldade na esquerda — e falo isso também como um judeu de esquerda — que é a construção de um binarismo e de uma má distinção entre o judeu e o Estado de Israel, esse binarismo funcionando como o Israel malvado e povo palestino bonzinho. Não estou defendendo, de modo nenhum, o governo do Estado de Israel – atualmente isso é praticamente impossível –, só que existe uma confusão que dificulta essa relação para a criação de pontes. Aqui em Porto Alegre, fui um dos fundadores do Coletivo Buber, que por alguns anos era o único grupo de judeus no Rio Grande do Sul que tinha contato com a comunidade palestina. E nós sempre tivemos que lidar tanto com o olhar interno de uma direita judaica que demoniza os palestinos quanto, por outro lado, com traços de clichês antissemitas ou de confusões entre judeus e a atual política israelense.

EP&HV: Esse momento é pior porque há menos adesão a projetos coletivos?

RLB: Eu credito essa dificuldade não só ao momento histórico no Brasil, mas também a um aprofundamento, a partir dos anos 1970, da individualização do sujeito no ideário neoliberal. Essa desconstrução dos laços comunitários, aquilo que fica bastante exemplificado por uma fala clássica de Margaret Thatcher [primeira-ministra do Reino Unido de 1979 a 1990] que diz, "não existe sociedade, mas apenas indivíduos e famílias". Isso se aprofundou tanto nas relações, no tecido social, que fica difícil constituir esses laços.

Mas existe um paradoxo interessante: estou infiltrado, há alguns anos, em grupos da extrema direita bolsonarista e dos Estados Unidos, como o QAnon. Esses grupos conspiracionistas proveem essa noção de comunidade a seus participantes. A extrema direita acaba constituindo, portanto, isso que nós não conseguimos restabelecer por causa do aprofundamento do individualismo. As pessoas recorrem a grupos de teoria da conspiração, como os antivacina, para se sentirem acolhidas. Isso me salta muito aos olhos, além do tanto de falta de critério básico dessas pessoas. Chamo isso de falta de campo cognitivo comum: coisas que tomamos como o básico da existência, como a Terra ser redonda, não são mais o básico. A questão é: como nós vamos criar essas comunidades, nós que defendemos a democracia, os valores democráticos, que queremos constituir coletivos, ou multidão, usando uma expressão que está no filósofo judeu Baruch Spinoza.

Outro lado disso é que nós, da esquerda, acabamos caindo numa trapaça que Foucault já apontava, a guetização pela identidade. Quando aderimos a identidades que nos ajudavam a promover algumas pautas, houve uma tendência de construir muros, e já não conseguimos mais nos solidarizar, nos constituir como coletivos. Acho que a última experiência no Brasil que conseguiu constituir um coletivo de diferentes foi o movimento "Ele não". Embora tenha sido um movimento reativo, conseguiu conglomerar grupos que, em outros momentos, não sairiam juntos, não estariam na rua fazendo a mesma coisa. Por mais que essa costura vá se romper mais na frente, devido a outras questões – seja de grupos identitários ou qualquer outra –, nosso desafio está colocado, em um cenário de extrema individualização e de fascistização, e a fascistização, subjetivamente, nada mais é do que um fechamento para o Outro, é erguer um muro afetivo, de bloqueio, não se permitir ser minimamente afetado pelo Outro.

EP&HV: Você fala sobre a dificuldade de chegar às pessoas que têm ressentimento. Pode elaborar mais essa questão pela ótica da filosofia?

RLB: Eu entraria com o outro lado, que é o lado do choque. Platão dizia que o pensamento, o filosofar, só vem do *Thauma*, do estranhamento. Quando grupos, como o movimento negro, falam uma coisa chocante como "fogo nos racistas", esse choque causa um estranhamento que faz pensar.

Há pessoas que estão fascistizadas, ou que estão no caminho, que podem ser trazidas através do afeto, mas há pessoas que precisam se defrontar com o choque, com o estranhamento da situação: pessoas morrendo por falta de vacina, miséria. Por mais que essa pessoa não vá aderir em um primeiro momento, esse choque irá produzir uma rachadura. Numa leitura filosófica deleuziana, pode ser apenas uma rachadura, mas como qualquer pequena rachadura, outras podem crescer à sua volta. Estamos falando de um sistema, de um circuito afetivo subjetivo extremamente fechado. Às vezes, causar a rachadura é só o que dá para fazer, e isso talvez vá gerar uma abertura lá na frente.

Dou um exemplo: trabalho com educação pública em zonas de vulnerabilidade, com alunos e pais de alunos profundamente bolsonaristas. Falo com eles: "tá difícil comprar comida, né?", "é, tá difícil mesmo", "e você acha que há uns 10 anos, você acha que..." "não, há dez anos a gente conseguia fazer um churrasquinho", "e o que será que mudou? Você acha que melhorou a vida desde que o Bolsonaro ganhou? Você tá comendo melhor?". Vou pegando na ordem do imediato, mas também na ordem do afetivo, porque há uma lembrança, e há um regime de sofrimento que não é só discursivo, não é só o Bolsonaro falando atrocidades, é uma política econômica que gera corpos ou a extinção de corpos, e isso é muito material, concreto. Então, quando comecei a produzir vídeos para a internet, pensei: "meus alunos do sexto ano entenderão?". Porque se eles não entenderem, não estou fazendo bem.

Uso esse mesmo critério didático quando falo do afeto, quando nos confrontamos com a vida concreta. Você consegue sustentar um regime extremamente conservador na ordem do discurso, mas não nos desdobramentos da fome, miséria e desemprego. É claro que há pessoas que não vão arredar o pé, vão culpar o outro – o jogo do fascismo sempre foi esse, no fascismo a culpa é do outro: é o STF que não deixa o presidente agir, são os comunistas, são os petistas... Alguns eu consigo trazer pelo afeto, "esse cara não adiantou nada, esse cara piorou as coisas. a miséria aumentou, não é dizendo que vai dar um tiro na cabeça de cada um que vamos parar de ter roubo, sequestro, assalto, então tem algo que não está dando certo".

O que gosto de demarcar sempre é em relação a falas do tipo: "ah, mas isso é só um discurso, é só uma piada". Quero mostrar que já temos elementos suficientes para provar que esse discurso se desdobra em concretude, em morte, miséria, violência policial. No entanto é muito melhor falar com aqueles com quem constituímos comunidade por afetos positivos, afetos de promoção da vida. Já convenci muita gente por meio desse tipo de convívio. Tenho alunos, famílias que perguntam, "você vai votar em alguém, professor?", e eu falo "olha, eu te conto aqui fora... eu vou votar em tal candidato porque acho que ele vai ter políticas públicas que vão melhorar a tua vida e vão melhorar a minha, vai ter pelo menos um emprego, um curso técnico". Com esses consigo constituir pontes porque já confiam em mim. Com os outros, acho que se pode passar pelo estranhamento, pelo choque. Existe a conexão da materialidade da vida cotidiana com o projeto político em que essas pessoas acreditam. Por mais que não consigamos convencer as pessoas agora, o estranhamento – retomando Platão –, o combate, mesmo simbólico, muito duro, eventualmente é pedagógico.

"

O Brasil é um país de paradoxos. Tem a maior parada LGBT+ do mundo e também é número 1 nos assassinatos por homofobia. As brasileiras conseguiram criar novos agentes que estão na seara pública lutando pelos direitos delas e ainda assim somos campeãs nas taxas de feminicídio. Mas nem isso faz as pessoas retrocederem. Pelo contrário, é preciso lutar sempre, nenhuma conquista é definitiva."

LILIA MORITZ SCHWARCZ

(NEO)NAZISMO,

MORTE E RESISTÊNCIA LGBTQIA+ NO TERCEIRO REICH

conversa com
Marcio Hasse Albino

MARCIO HASSE ALBINO, jornalista de formação, foi educador social LGBTQIA+ e de HIV/Aids no Grupo Dignidade e na Aliança Nacional LGBTQIA+. Hoje consultor do Museu do Holocausto de Curitiba e do Memorial do Holocausto do Rio de Janeiro, ele aponta a importância de manter viva a memória da *Shoá* entre os homossexuais, a partir dos muitos relatos sobre a perseguição do regime nazista àqueles considerados indignos de viver porque não gerariam herdeiros arianos para o Terceiro Reich. Segundo Marcio, os ativistas contemporâneos, ao divulgar a resistência dos homossexuais ao terror nazista – que nos campos de concentração usaram o triângulo rosa sobre os uniformes de prisioneiros – reforçam também a necessidade de denunciar, sempre, qualquer tipo de violência física e psicológica contra os LGBTQIA+, cuja subjetividade deve ser respeitada em todos os aspectos da vida, inclusive na sua relação com o sagrado e a religião.

ELIANE PSZCZOL & HELIETE VAITSMAN: Existem no Brasil mais de 500 grupos extremistas de direita, muitos deles com características neonazistas e incitando ao preconceito e à violência contra homossexuais. O movimento LGBTQIAP+ tem estratégias para lidar com isso?

MARCIO HASSE ALBINO: É difícil pensar na história do movimento LGBTQIA+ no Brasil sem pensar em oposição a direitas populistas e autoritárias. Mas isso não significa que o campo da esquerda tenha sido acolhedor desde sempre, muitas vezes foi tão populista e autoritário quanto a direita. O fato é que os movimentos sociais LGBTQIA+ floresceram dentro dos partidos e grupos que buscavam a democratização. Era impossível pensar em direitos positivos sem antes derrubar a ditadura e estabelecer uma democracia. Por essa razão no Brasil o movimento LGBTQIA+ é profundamente inspirado pelo feminismo, socialismo e afins. Isso não exclui possíveis identificações com filosofias políticas e econômicas de qualquer espectro, inclusive da direita democrática e liberal que denuncia a extrema direita. Também não exclui que pessoas LGBTQIA+ flertem, por ignorância ou alienação, com movimentos conservadores e reacionários. A pluralidade está aí posta, e nem sempre vai soar bem.

Dito isso, é preciso pensar que no *mainstream* dos ativismos LGBTQIA+ e das organizações que possuem maior influência política, social e comunitária, há um consenso de lutar pela democracia, pelos direitos LGBTQIA+ e pelo Estado de Direito. E esses são valores continuamente atacados pela extrema direita. É importante distinguir reacionários de extrema direita de neonazistas. Muitas vezes eles se encontram e se abraçam, mas são necessárias estratégias distintas para lidar com cada vertente. Nem sempre um "antipetista" será um neonazista, mas muitos neonazistas se escondem atrás dos discursos bolsonaristas e da extrema direita. Faz parte da covardia dessa ideologia.

Muitas das organizações LGBTQIA+ atuam numa ação mais preventiva do que combativa ao neonazismo hoje, e desconheço algum grupo com destaque voltado a essa temática. Preventiva porque a educação social e *advocacy* fazem parte do tom dos movimentos, e eles constantemente trazem informação e sensibilidade sobre os perigos de ideologias extremistas.

EP&HV: A ascensão do nazismo reforçou a já existente política de erradicação da cultura gay na Alemanha. À época, isso gerou alguma repercussão entre os homossexuais brasileiros? E hoje, essa é uma história conhecida?

MHA: Os movimentos homossexuais brasileiros são recentes, iniciaram-se embrionariamente nos anos 1960 e 1970. A memória LGBTQIA+ da *Shoá* [em língua hebraica, "catástrofe", termo utilizado atualmente para denominar o Holocausto, o extermínio de seis milhões de judeus na Segunda Guerra Mundial] demorou muitas décadas para compor o quórum de historiadores e pesquisadores. Mesmo que algum tipo de informação sobre perseguição a homossexuais tenha chegado a ouvidos de brasileiros, é difícil saber se há algum registro. Desconhecemos organizações ativas e públicas de homossexuais no Brasil na época.

Há alguns anos iniciei, com o Museu do Holocausto de Curitiba, algumas pesquisas para promover a memória LGBTQIA+ da *Shoá* nos espaços LGBTQIA+. Aos poucos vamos descobrindo pessoas que pesquisam o tema, e um material importantíssimo foi publicado pelo Museu: "Além do silêncio: existências LGBTQIA+, memórias e narrativas de vida". A ideia é popularizarmos essas histórias e incentivarmos o protagonismo dessas pessoas não só na recepção dessa memória, mas em sua transmissão. É uma responsabilidade que a comunidade LGBTQIA+ precisa abraçar: narrar as histórias de vida e resistência na *Shoá* e inspirar o ativismo de hoje, principalmente no combate ao neonazismo.

Não podemos nunca esquecer que o Parágrafo 175, que condenava a homossexualidade na Alemanha nazista, se originou na Alemanha imperial, atravessou a democrática, piorou na nazista, continuou na socialista e na capitalista, e só foi anulado completamente após a queda do muro de Berlim. Homossexuais continuaram a ser tratados como criminosos mesmo após a liberação dos campos. E muitos tiveram medo de informar que eram sobreviventes, ficaram em silêncio, pois poderiam ser novamente encarcerados pelo crime de sua sexualidade. Décadas depois é que começam a surgir relatos, livros, publicações e entrevistas.

Em 28 de junho de 1935, os nazistas revisaram o Parágrafo 175, ampliando a lei e sua aplicação, dando às autoridades o poder de prender homens sem a necessidade de evidências do "crime". Esse foi um ponto crucial para intensificar a perseguição ativa aos homossexuais. Eram sujeitos ao ridículo e a trabalhos forçados, por vezes inúteis. Forçados também a usar o triângulo rosa para serem definidos como homossexuais. Assim como os povos Rom, foram submetidos a experimentos médicos brutais, como a castração. Estima-se que 100 mil pessoas tenham sido acusadas de violarem o Parágrafo 175; 50 mil foram presas. Destas, 15 mil foram deportadas para campos de concentração, e pelo menos 5 mil foram assassinadas.

EP&HV: Como pensar e manter essa memória hoje, quase oito décadas depois de terminada a guerra?

MHA: Uma maneira de pensar essa memória é entendendo as narrativas, personagens e circunstâncias do antes, durante e depois do Holocausto. Quando falamos do antes, falamos de pessoas como Adolf Brand, que no fim do século 19 já possuía uma publicação, *Der Eigene* (O próprio), com conteúdo político e homoerótico, desafiando não só a lei vigente, mas toda sorte de moralismo. Também falamos do trabalho incansável do Dr. Magnus Hirschfeld, médico gay e judeu, empenhado em registrar, fotografar e acolher os diversos "estados intermediários" da sexualidade humana. "Hirschfeld é o Einsten do sexo", diziam. Ele respondia: "Einsten é o Hirschfeld da Física". Magnus fundou o Instituto para a Ciência Sexual em Berlim, que funcionou como centro comunitário empoderando a comunidade LGTBQIA+ e dando o tom para um ativismo político que buscava repelir o Parágrafo 175.

A Berlim da década de 1920 experimentava uma vida pulsante, com dezenas de bares para gays, bissexuais, lésbicas e trans. Um desses bares, El Dorado, foi fechado logo no início da ascensão nazista ao poder, sendo coberto com faixas que diziam "Número 1 na Lista de Hitler". Homossexuais estiveram entre os primeiros a serem encaminhados para campos de concentração. Um deles, Kurt Hiller, sucessor de Magnus Hirschfeld no Comitê Científico-Humanitário (uma das organizações LGBTQIA+ da época), foi deportado ao campo de Columbia-Hauss, Brandenburg, e Oranienburg, ainda em 1933. Em seu livro *§175: Schmach des Jahrhunderts (Parágrafo 175: Ultraje do Século)*, ele já afirmava que, se os homossexuais quisessem mudança, precisariam efetivá-la por conta própria. Essa consciência do protagonismo na mudança legal e social da aceitação da homossexualidade dita até hoje o tom do *advocacy* contemporâneo no ativismo LGBTQIA+.

Durante o nazismo, homossexuais eram vistos como inimigos da "raça ariana", tendo como razão central a não reprodução de "crianças arianas". Inicialmente, nazistas restringiram os já limitados espaços homossexuais: bares, publicações, organizações. Homens gays foram torturados com o objetivo de denunciar outros homossexuais para registrá-los em "listas cor-de-rosa". Essa foi uma das maneiras de identificar quem era homossexual. Uso o termo "homossexual" aqui, pois, no contexto da perseguição nazista, esse é o nome pelo qual a comunidade LGBTQIA+ foi perseguida e também como uma maneira de se apropriar e ressignificar. Homossexual pode significar na prática "homens gays" em maioria, mas também "mulheres trans". Lésbicas não eram lidas com este rótulo, mas com o de "associal", que incluía outras mulheres com vivências divergentes das desejadas pelo regime.

Os sobreviventes homossexuais não receberam restituição no pós-guerra, e poderiam até reiniciar sua pena em uma prisão comum. Alguns foram entrevistados no documentário Parágrafo 175, lançado no ano 2000. O triângulo rosa, usado pelos prisioneiros homossexuais em seus uniformes nos campos de concentração, foi também ressignificado na luta contra a Aids, entendendo que a omissão de governos em encontrar tratamentos seria uma política silenciosa de extermínio.

EP&HV: Há casos conhecidos de resistência de homossexuais durante o regime nazista?

MHA: Algumas histórias de resistência são realmente inspiradoras. Belinfante, lésbica e judia patrilinear, era uma maestrina que auxiliou na destruição do registro de nomes de judeus em Amsterdã, evitando que muitos fossem localizados. Vestiu-se de homem para se disfarçar e se proteger, já que membros da resistência haviam sido capturados. Fugiu e sobreviveu, vivendo uma longa vida nos Estados Unidos. Karl Gorath, gay e enfermeiro, deportado sob o Parágrafo 175, recusou-se a diminuir a porção de pão para prisioneiros poloneses, e foi novamente deportado como prisioneiro político.

Rudolf Brazda e seu namorado Werner viveram um romance belíssimo, sendo inclusive acolhidos por uma Testemunha de Jeová, até enfrentarem perseguição: suas cartas de amor foram usadas como evidência contra eles. Rudolf perdeu contato com seu amor, foi deportado a um campo e liberado em 1945.

Charlotte von Mahlsdorf, filha de um nazista, sofreu ameaças de seu pai ao descobrir-se mulher trans. Era obrigada a limpar móveis de judeus deportados e criou um desgosto pelo regime de Hitler. Para proteger sua família e sua vida, matou o pai. Sua coleção fica no Centro Comunitário para a comunidade LGBTQIA+ e Museu Grunderzeit em Berlim. Viveu uma longa vida.

O jovem Gerhard Beck tinha apenas 10 anos quando Hitler subiu ao poder. Sua identidade judaica e LGBTQIA+ o fez resistir. Juntou-se a movimentos juvenis sionistas, adotou o nome hebraico Gad (afortunado). Liderou a *Chug Chalutzi,* uma organização sionista clandestina que ajudou judeus a fugirem para locais seguros. Gad confiou em gays não judeus para abrigarem e esconderem famílias judias. Em sua história de resistência, conheceu (biblicamente) Zwi Abrahamssohn, que se tornou seu marido por 35 anos e foi torturado pela Gestapo [polícia secreta oficial da Alemanha Nazista e na Europa ocupada pelos alemães] na sua frente para fornecer informações, mas os dois resistiram. Emigrou para Israel com o marido e ajudou no processo de *Aliá* (emigração para Israel) de muitos judeus. Morou muitos anos lá, porém retornou à Alemanha com o objetivo de auxiliar na reconstrução da identidade e comunidade judaica. Viveu até os 88 anos com essa missão, tendo descansado em 2012.

Um dos primeiros relatos conhecidos sobre o tema, publicado em 1972, é o de Josef Kohout, no livro *The Men with the Pink Triangle* (tradução livre: Os homens com o triângulo rosa). Escrito por Hans Neumann, sob o pseudônimo de Hanz Heger, o livro apresenta o testemunho de Kohout sobre a experiência de homens gays nos campos de concentração. Como mencionado anteriormente, o triângulo rosa invertido era utilizado nos uniformes para marcar homossexuais nos campos, assim como as estrelas de Davi amarelas eram utilizadas para marcar judeus.

EP&HV: Como lidar com a quantidade de material preconceituoso, xenofóbico, antissemita e de exaltação ao ódio estruturado não só dentro de partidos políticos como também em programas educacionais formais e através de games para crianças e jovens?

MHA: Tenho a impressão de que a ignorância faz com que muitas pessoas tenham uma receptividade maior a teorias da conspiração e fanatismos. O escritor israelense Amós Oz diz em seu livro *Como curar um fanático* que "existe alguma coisa na natureza de um fanático que essencialmente é muito sentimental e ao mesmo tempo carece de imaginação". Quando falamos de política e games, existe uma tendência à paixão muito forte. Então, não há receita pronta. Eu invisto minha energia em educação social, porque acredito no contato humano, no olho no olho, na contação de histórias, no exercício de sentar-se à mesa e partilhar vulnerabilidades. Eu acredito que a maior parte das pessoas tem uma disposição maior ao diálogo do que ao fanatismo, e quero essa maioria fortalecida.

As estratégias de extremistas e preconceituosos funcionam porque dão vazão à irracionalidade. Todo adulto já foi adolescente, e todo adolescente já soube o que é estar confuso, perdido, deslocado, com crise de pertencimento. Não que essas questões sumam na vida adulta, mas elas amadurecem, olhamos para elas com mais maturidade e menos paixão. Fundamentalistas olham para a paixão e a reafirmam. Não podemos cobrar de adolescentes que sejam maduros, então a estratégia para abordá-los precisa ser outra. Em relação a adultos com síndrome de Peter Pan, que agem como crianças e adolescentes, sou favorável ao encaminhamento para uma terapia, além da aplicação de medidas judiciais adequadas a pessoas ignorantes, que cometem crimes afirmando ser só uma opinião. Adolescentes e crianças têm uma desculpa para serem passionais e cederem com facilidade a discursos passionais. Adultos precisam se sentir constrangidos e chamados em público para confrontar sua estupidez.

EP&HV: O crescimento da representação política do fundamentalismo religioso é um risco objetivo para os grupos LGBTQIA+?

MHA: Nunca deixou de ser. Mas como pessoa religiosa e LGBTQIA+, tenho uma perspectiva diferenciada sobre esse assunto. Não acho que se pode enfrentar fundamentalismo religioso com laicidade. Esse é o erro trágico das esquerdas socialistas: subestimar a subjetividade da relação com o sagrado. Eu acredito que religião ruim se combate com religião boa.

Imagine se alguém dissesse para a comunidade LGBTQIA+ que em razão de haver muitos conservadores na política, deveríamos deixar a política de lado, pois aquele espaço não nos pertence. Loucura, não? Pois é, por que diabos, quase literalmente, usamos essa ladainha para a religiosidade?

Não quero convencer ninguém aqui a rezar o *Kadish* [prece que os judeus enlutados recitam durante os serviços religiosos] ou uma Ave-Maria, mas gosto muito de uma perspectiva sobre esse assunto, que vem de Stephen Fry, ator e comediante inglês.

Em um debate na Universidade de Cambridge ele se posicionou a favor de manter a Igreja da Inglaterra como estatal, sendo contrário à separação entre Igreja e Estado. Isso vindo de um dos ateus mais importantes do mundo europeu! Ele diz que ama a Igreja da Inglaterra e que essa instituição conseguiu inspirar um "sentimento charmoso em relação à religião". Ele segue o argumento dizendo que demorou muito tempo para a sociedade absorver uma experiência mais sofisticada de religião, e isso significa, na sociedade britânica, por exemplo, a contemplação das belíssimas catedrais góticas e cantatas de Natal.

Desmantelar esse delicado vínculo, amadurecido após séculos de reformas e releituras, pode trazer, com muita facilidade, uma relação imatura e infantil. Nada contra a fé das crianças. Está tudo bem acreditar em anjos quando você tem 5 anos de idade. Mas uma religião adulta precisa de mais do que fé, precisa de sensibilidade, nuance, drama, tato. O mito do "Estado laico" não se mantém por conta própria, e não vai se sustentar com canetadas e documentos políticos. A democracia precisa também de suas narrativas para se manter. Disputar o espaço religioso, construir acolhimento e pertença para LGBTQIA+ em comunidades de fé, parecem-me estratégias bem mais efetivas para combater o fundamentalismo do que se distanciar do assunto. Não são apenas os fundamentalistas que precisam de uma relação madura com a religião. Nossos progressistas precisam também.

Muitos grupos têm trazido à tona a intersecção entre a vivência de tradição religiosa/ancestral/espiritual e a identidade LGBTQIA+. Faço parte de um deles, Gaavah, que promove inclusão LGBTQIA+ na comunidade judaica e, ao mesmo tempo, a inclusão judaica na comunidade LGBTQIA+, denunciando o antissemitismo e a LGBTfobia. Há, inclusive, na Parada do Orgulho Gay de São Paulo um bloco chamado "Gente de Fé", que é composto por grupos católicos, evangélicos, de matriz africana, budistas, judeus (o coletivo Gaavah) etc.

O sagrado não é propriedade da cisheternormatividade. Essa é a mentira neopentecostal e fundamentalista. E mentiras precisam ser denunciadas, chamadas à luz e à verdade. Fundamentalistas são mentirosos e covardes.

Fundamentalistas são uma ameaça na medida em que detêm poder. A diferença é que, apesar de retrocessos, eu tenho esperança de que o movimento LGBTQIA+ tenha atingido um momento histórico sem retorno. A mentalidade de resistência está mais aguçada do que nunca na comunidade LGBTQIA+, e eu aviso como amigo: vamos nos sentar e dialogar na paz e na justiça para todas as pessoas, porque no dia que as bichas resolverem se vingar, vai ser babado!

Espero, vivo, atuo e acredito em um mundo onde eu possa desejar um "bom culto" a um vizinho cishetero neopentecostal, e que ele seja muito abençoado. E que cada um possa viver suas subjetividades com liberdade e paz.

EP&HV: Na Alemanha o partido nazista estava no poder. Os neonazistas brasileiros, sem poder político, difundem com competência sua ideologia nas redes sociais. É possível fazer alguma comparação entre os dois momentos?

MHA: Sim, a indiferença continua a mesma. Temos comunidades indígenas sendo massacradas com aval do Estado. Ausência também é programa de governo. No ápice da epidemia de HIV/Aids, quantas pessoas poderiam não ter perdido a vida e ainda estar entre nós se governos tivessem tomado atitudes com urgência? Só quando a doença atingiu lares de "cidadãos de bem" teve início uma real preocupação com a produção de tratamentos eficazes. Alguém já se perguntou por que é tão pequeno o número de Justos entre as Nações [pessoas que ajudaram judeus a escaparem ou a sobreviverem, sem nenhum ganho pessoal] em relação aos milhões de alemães?

O negacionismo de hoje nem sempre virá de maneira integral. Geralmente vem como distorção ou trivialização. Há neonazistas que não negam o Holocausto, mas dizem que não foram 6 milhões, que os judeus estão mentindo os números. Acredite, eles não estão preocupados com um cálculo exato de mortes, muito menos com as histórias de vida dessas pessoas. Sua única preocupação é em desacreditar o assunto. Outro negacionismo é o de fingir que está tudo bem, como no mito da democracia racial brasileira. Tem que ser muito privilegiado ou então alienado para dizer algo como "somos todos iguais" ou "todas as vidas importam" e achar que isso parece justiça.

Muitas vezes, politicamente falando, haverá tons de cinza e um gradiente de lugares complexos. E está tudo bem. Outras tantas vezes extremistas vão se esconder em discursos nuançados para distorcer a realidade. Nesses momentos é preciso uma postura monocromática e crítica da realidade. É preciso nomear a injustiça e a perversidade. O negacionismo e a indiferença são duas facetas dessas realidades.

EP&HV: As políticas públicas anti-homofóbicas dos últimos governos brasileiros funcionam?

MHA: Poderia ter sido feito mais, porém creio que se fez o possível. Acredito que as políticas públicas precisam vir acompanhadas da educação social das bases. No que tange à inclusão LGBTQIA+ na sociedade brasileira, é necessária uma profunda autocrítica das organizações e movimentos e novas estratégias que lidem com a complexidade do mundo e do momento político que vivemos. É muito aflitivo ficar apagando incêndio. Precisamos parar de pensar exclusivamente em termos de quatro anos de governo e começar a pensar em termos geracionais. Precisamos criar conexões com a ancestralidade e com o futuro. Os movimentos LGBTQIA+ precisam começar a sonhar, lutar e desenhar um horizonte que contemple pelo menos duas ou três gerações à frente. Garantir para a comunidade LGBTQIA+, seja qual for o nome ou a sigla que vier a ter no século 22, redes de apoio e estruturas de poder, não só dentro do Estado, mas também fora dele. Esse tem que ser o nosso compromisso.

"

Chegaria um dia, relativamente próximo, em que não restaria mais nenhum sobrevivente de Buchenwald. Não haveria mais memória imediata de Buchenwald: mais ninguém saberia contar com as palavras vindas da memória carnal, e não de uma reconstituição teórica, o que terão sido a fome, o sono, a angústia, a presença ofuscante do Mal absoluto – na exata medida em que ele está aninhado em cada um de nós, como liberdade possível. Mais ninguém teria em sua alma e seu cérebro, indelével, o cheiro de carne queimada dos fornos crematórios... num dia próximo ninguém mais terá a lembrança real desse cheiro: não será mais do que uma frase, uma referência literária, uma ideia de cheiro. Inodoro, portanto."

JORGE SEMPRUN_*A Escrita ou a Vida*

(NEO)NAZISMO,

A DISPUTA PELO MONOPÓLIO DA VERDADE: TESTEMUNHAS DE JEOVÁ X NAZISTAS

conversa com
Marco Antonio Simões

Dos 65 milhões de habitantes da Alemanha durante a Segunda Guerra Mundial, apenas entre 20 e 25 mil eram Testemunhas de Jeová, mas ainda assim o grupo atraiu a ira do regime nazista e foi vítima de banimento e perseguição por conta de seus princípios religiosos. **MARCO ANTONIO SIMÕES** é escritor, tradutor, mestre em educação e doutor em ciências sociais com a tese *As Testemunhas de Jeová e o regime nazista: uma análise das causas ideológicas do conflito*. Em sua tese e nesta entrevista, descreve o alto preço que os fiéis pagaram por atitudes como a recusa ao serviço militar, à participação nas cerimônias do Terceiro Reich e até à obrigatória expressão *"Heil Hitler"*, já que isso constituiria uma traição a Deus e a Jesus Cristo, seu único centro de lealdade, que nenhum governante poderia disputar. Também chamados de vítimas esquecidas do nazismo, as Testemunhas enfrentaram torturas, assassinatos e trabalhos forçados em campos de concentração – onde eram conhecidos como "triângulos roxos" devido à cor do emblema costurado às suas roupas de prisioneiros.

ELIANE PSZCZOL & HELIETE VAITSMAN: Quais as causas da perseguição às Testemunhas de Jeová na Alemanha Nazista?

MARCO ANTONIO SIMÕES: As vítimas das ações nazistas sofreram pelo que eram, como judeus, ciganos, homossexuais e deficientes; pelo que fizeram, como ativistas políticos e soldados inimigos; e pelo que se recusaram a fazer, como as Testemunhas de Jeová e outros grupos religiosos, ou membros individuais desses grupos. No auge da repressão, as Testemunhas foram chamadas por Adolf Hitler de "raça a ser exterminada". Muitos relatos de sobreviventes dão conta de uma violência sem precedentes, dentro e fora dos campos de concentração, com o objetivo claro de exterminar o grupo, se não física, pelo menos ideologicamente.

A doutrina central das Testemunhas explica a origem do homem desde a Criação. É a doutrina que determina o comportamento desde as questões mais simples até as que colocam sua própria vida em risco. Há um reino de Deus com estrutura bastante definida e o rei é Jesus Cristo. Ele governa desde o céu e tem súditos na Terra, as Testemunhas de Jeová. É possível constatar a similaridade do papel atribuído por elas a Jesus Cristo e o papel atribuído a si mesmo por Adolf Hitler e pelos apoiadores do nazismo. Consequentemente, seria inconcebível a uma Testemunha prestar qualquer apoio a Hitler, a começar pela saudação *Heil Hitler* (Salve, Hitler).

Todos os acontecimentos históricos e pessoais das Testemunhas relacionam-se, de alguma forma, ao restabelecimento da soberania universal de Deus e o livramento da humanidade dos efeitos do pecado. É importante destacar o alcance da postura assertiva e antagônica para com os sistemas políticos e religiosos. O comportamento "anti-guerra" motivou as autoridades alemãs a considerar o grupo como uma seita potencialmente danosa ao Estado, conceito que teria repercussões durante o Terceiro Reich. Desde a Primeira Guerra Mundial, elas se recusaram a participar de atividades militares de qualquer tipo, enquanto outros grupos religiosos participaram sem maiores objeções. Para as Testemunhas de Jeová, os governos seculares haviam perdido o direito de governar de modo absoluto, já que, no céu, a liderança de Cristo fora estabelecida, e os políticos estariam sob o poder do Diabo.

De 1924 a 1926 os conflitos na Alemanha se deram no campo legal, com a tentativa de suspensão da distribuição de publicações das Testemunhas. A proscrição aumentou progressivamente e, em 1933, esse foi o primeiro grupo religioso banido, com prisões e as casas dos membros revistadas regularmente pela Gestapo [polícia secreta oficial da Alemanha Nazista e na Europa ocupada pelos alemães] e SS [organização paramilitar ligada ao Partido Nazista e a Adolf Hitler na Alemanha Nazista e mais tarde na Europa ocupada pelos alemães]. A recusa em saudar a bandeira foi motivo de várias ações legais, tanto na Alemanha Nazista como em muitas partes dos Estados Unidos e Canadá. As Testemunhas eram orientadas a não participar de tais cerimônias, que constituiriam uma violação de sua neutralidade.

Para ilustrar como a neutralidade era aplicada, no

campo de concentração para mulheres de Ravensbrück, as prisioneiras eram obrigadas a realizar trabalhos para a empresa Siemens, na fabricação de componentes para os mísseis V1 e V2. Também lá existia uma confecção de uniformes para os membros da SS e da Wehrmacht [nome das forças armadas da Alemanha Nazista de 1935 até 1945]. As mulheres se recusavam a trabalhar nessas atividades, que consideravam uma contribuição direta aos esforços de guerra. Muitas haviam sido enviadas ao campo por se recusarem a fazer a saudação *Heil Hitler*, também considerada uma violação de neutralidade. Ao mesmo tempo, porém, elas eram designadas para tarefas de limpeza doméstica e cuidados dos filhos nas casas dos membros da SS, por serem "absolutamente honestas e dignas de confiança", tarefa que aceitavam sem sentirem estar violando suas consciências.

A obediência à autoridade humana é prestada independentemente da autoridade em si mesma, ou do tipo de regime. Porém recusam-se a prestá-la quando esta autoridade demanda ações que violem a autoridade maior. Nem a preservação da vida, nem quaisquer outros valores estão acima do dever de lealdade a Deus e a Jesus Cristo, de acordo com sua doutrina.

EP&HV: Como a doutrina se desenvolveu e disseminou?

MAS: O grupo que daria origem às Testemunhas de Jeová foi organizado por Charles Taze Russell (1852-1916), norte-americano de ascendência escocesa-irlandesa, que entrou em confronto com as concepções religiosas em vigor. Por exemplo, para ele a doutrina da predestinação não se harmonizava com a ideia de um Deus que concede livre-arbítrio às suas criaturas inteligentes. Um folheto de comunicação doutrinária começou a ser publicado em 1879, com o nome de *Zion's Watch Tower and Herald of Christ's Presence* [A Torre de Vigia de Sião e Arauto da Presença de Cristo], publicado até hoje com o nome de *A Sentinela*, com uma tiragem por edição de 42 milhões de exemplares, em mais de 400 idiomas, e distribuída em 236 países.

Durante a década de 1890, Russel viajou pela Europa e países do Oriente com o intuito de propagar suas crenças. O assassinato do arquiduque Francisco Ferdinando e sua esposa, em 28 de junho de 1914, em Sarajevo, e o início da Primeira Guerra Mundial chegaram a ser vistos pelo grupo como o sinal de que o fim do mundo chegara e que Jesus Cristo iniciaria seu Reino de Mil Anos. Entretanto a guerra seguiu seu curso e o Reino de Mil anos não chegou. Ao contrário, as Testemunhas de Jeová viram-se pela primeira vez em face do problema da neutralidade ao serem convocadas para as frentes militares.

A orientação dos dirigentes foi apresentarem objeção de consciência ou, caso o serviço militar fosse inevitável, que solicitassem transferência para trabalhos médicos e, em última instância, "se obrigados a servir nas trincheiras e a disparar armas, não deveriam sentir-se na obrigação de matar um semelhante". Não obstante unânimes quanto à ordem de "não matar", não havia uniformidade no comportamento do grupo com relação a outras participações nos esforços de guerra.

Esse período inicial foi fundamental para a conformação do corpo doutrinário e de conduta das Testemunhas de Jeová, com consequências diretas no confronto posterior com o Partido Nazista. Entre os aspectos mais relevantes, o primeiro é que a autoridade de Deus é superior à dos governos humanos e a lealdade é demonstrada de duas formas: pelo sentimento de fé e por ações, na conduta pessoal e familiar, mas, principalmente, pelo trabalho de divulgação da mensagem divina.

EP&HV: Como se dava a relação das lideranças nazistas com as religiões em geral?

MAS: Desde a Reforma protestante iniciada por Martinho Lutero em 1517, dois grupos religiosos majoritários compunham a população alemã: católicos e protestantes. Durante a década de 1930, dos 65 a 67 milhões de habitantes da Alemanha, cerca de 40 milhões professavam-se protestantes, divididos em 28 igrejas provinciais, e 21 milhões eram católicos. As Testemunhas de Jeová contavam com 24 mil fiéis. A população de judeus era de cerca de 505 mil pessoas.

Sob a república de Weimar (1919–1933), as religiões tinham proteção. Não apenas tinham o direito assegurado de reunir-se e exercer seus serviços religiosos, como eram registradas formalmente como entidades caritativas e, portanto, isentas de alguns impostos. Caso seus membros fossem tratados de maneira hostil, tinham o direito à proteção das autoridades públicas e normalmente o recebiam.

Apesar de Hitler ter jurado defender a Constituição de Weimar ao ser empossado chanceler em 30 de janeiro de 1933, a política do Terceiro Reich não foi, inicialmente, clara em relação à religião organizada. Hitler nasceu e cresceu num lar católico, foi educado numa escola católica, mas questionava os princípios do cristianismo tradicional, que para ele haviam sido corrompidos, em favor de ideias que considerava mais modernas e "positivas". De um ponto de vista estritamente político, porém, colocar-se francamente contra o cristianismo não seria prudente. Hitler precisava do máximo de apoio e seu interesse era prover valores ao redor dos quais os dois grupos majoritários, ou outros, pudessem se alinhar. A rejeição aos judeus, a superioridade da raça ariana e o patriotismo foram o elemento catalisador, independentemente da profissão de fé.

No entanto, o Partido Nacional-Socialista logo se organizou para dar atenção ao campo das religiões, fossem elas majoritárias ou minoritárias. Afinal, todas as igrejas haviam, de algum modo, falhado em eliminar da Alemanha a causa apontada como básica para todos os problemas alemães: os judeus. E haviam falhado por estarem divididas em sua lealdade. Apenas os que prestassem lealdade única à pessoa de Adolf Hitler como o messias salvador estariam aptos para a enorme tarefa de reconstruir a Alemanha. A Hitler cabia o papel "messiânico" de proteger a Alemanha contra o ateísmo comunista e as práticas corruptas atribuídas aos judeus.

À medida que o partido ganhou terreno, as mudanças políticas submeteram todas as religiões a um ambiente novo, no qual não haveria lugar para uma posição neutra. Cada questão, mesmo de natureza pessoal, passou a ser encarada de um ponto de vista político – incluindo as relações matrimoniais. Embora indiferente a questões teológicas, Hitler ofereceu um possível caminho à retomada dos anteriores tempos de glória, e o fez numa linguagem emocional e semirreligiosa, com elementos atraentes para religiosos e não religiosos. Segundo suas próprias palavras, o nacional-socialismo se tornaria mais do que uma alternativa política; seria uma forma de conversão, uma nova fé.

Algumas ações materializaram essa pretensão. Até elementos da mitologia teutônica se tornaram presentes em certas celebrações, atraindo especialmente os mais jovens. Apareceram também sincretizados em festas religiosas comemoradas pelas igrejas cristãs. Os dias santos incluíam a comemoração do aniversário do *Führer* e casamentos e batizados nazistas substituíam os correspondentes religiosos. Entre os documentos particulares de Himmler, foram encontradas fotos de um batismo do filho de um oficial da SS, com uma descrição da cerimônia. A sala decorada com a bandeira nazista, bétulas e candelabros. Ao centro, um altar com a foto emoldurada de Hitler e uma cópia do *Mein Kampf*. O cenário era complementado pela presença de três homens da SS. Uma cerimônia fúnebre nazista também foi idealizada, o que causou não poucos conflitos quando jovens membros faleciam, especialmente em cidades menores e mais conservadoras, entre os pais, o clero e os oficiais da SS, quanto a quem determinaria como seria celebrada a cerimônia. A SS concebeu ainda uma nova forma de casamento, onde estavam presentes runas, uma tigela de fogo, símbolos do Sol, tendo ao fundo a música de Richard Wagner.

Esse caráter religioso estaria na essência do conflito com o arcabouço doutrinal das Testemunhas de Jeová, a ponto de tornar rigorosamente impossível qualquer espécie de compromisso ideológico, já que representaria, para o grupo, uma negação à sua própria religião e fé. Não seria possível ser Testemunha de Jeová sem ao mesmo tempo, adotar uma atitude de claro repúdio à proposta religiosa--civil nazista. Apoiar o nazismo seria, para elas, uma decisão religiosa, não política.

Para manter o controle sobre as religiões, o partido adaptou seus mecanismos. Inicialmente foram criadas as Divisões de Assalto, as *Sturmabteilung,* abreviado para SA, também conhecidas como "camisas-pardas". As SA perseguiram ferozmente as Testemunhas de Jeová. Não se tratava de uma organização militar, mas de uma milícia de arruaceiros e desempregados que espalhava terror por meio de espancamentos, tortura e morte. Era um grupo semi--independente, que Hitler não deixaria de utilizar à medida que as ações favoreciam sua ascensão.

EP&HV: Houve resistência das Testemunhas de Jeová diante do recrudescimento da repressão?

MAS: As Testemunhas de Jeová eram assertivas em suas publicações ao apontar os governos e religiões "do mundo" como parte de um sistema manipulado pelo Diabo. Depois de banidas, em 1933, as Testemunhas manifestaram-se publicamente com uma Declaração de quatro pontos em que refutaram ser financiadas pelos judeus ou comunistas, declararam sua neutralidade política, reiteraram sua oposição à Igreja católica, vista por eles como uma instituição política, e afirmaram ser discípulos de Cristo. Em forma de folheto, cerca de 2,5 milhões de exemplares da Declaração foram distribuídos por toda a Alemanha. Exemplares foram encaminhados a Hitler e seus assessores, o de Hitler tendo sido acompanhado por uma carta pessoal, mas sem utilizar o termo *Führer* e sem concluir com a saudação *Heil Hitler*. Para efeitos de aliviar a proscrição, o resultado da Declaração foi negativo.

Nenhum outro grupo religioso jamais chegou a apresentar de modo tão explícito e completo sua posição de neutralidade. Nenhum outro grupo havia sido, até aquele momento, considerado um "inimigo implacável". Vários perderam o emprego, os jovens foram expulsos da escola e os mais novos foram retirados das famílias para serem criados por famílias nazistas ou instituições educacionais. As ações da SA passaram a ser cada vez mais violentas, incluindo prisões e espancamentos. Em agosto de 1933, cerca de 70 toneladas de publicações das Testemunhas de Jeová foram queimadas em público. Os que se negaram a votar nas eleições parlamentares de 12 de novembro de 1933 foram identificados como inimigos e obrigados a desfilar pelas ruas com placas com os dizeres "judeus", "traidores da Pátria" ou "patifes".

Um episódio típico envolveu Max Schubert, Testemunha de Jeová na Saxônia, agente de passagens numa estação ferroviária, e que reiteradas vezes se recusara a participar nas eleições do partido. Ele foi preso e levado à casa do diretor local do Partido Nacional-Socialista. Uma carroça puxada por dois cavalos estava parada à porta. Foi obrigado a ficar em pé e desfilar com vários homens das SA sentados em volta dele, cada qual com uma tocha acesa na mão. Dois homens na carroça seguravam um grande letreiro que dizia: "Sou um patife e traidor da Pátria, porque não votei." Atrás do desfile, um grupo repetia as palavras no letreiro. No fim, perguntavam: "Qual é o lugar dele?", no que as crianças da multidão gritavam em uníssono: "Num campo de concentração!"

Abaixo, Testemunhas de Jeová cercadas por guardas da SS sob uma placa com os dizeres "Somos traidores, nós não votamos".

À direita, revista *The Golden Age*, 18 de dezembro de 1935, p. 16

A sede jurídica das Testemunhas de Jeová nos EUA, a *Watch Tower*, denunciou os acontecimentos. Desde o número de 16 de agosto de 1933, a revista *The Golden Age* [hoje, *Despertai!*] apresentou informes do que acontecia na Alemanha. Em 1938, Franz Zürcher, membro da *Watch Tower* na Europa, elaborou um relatório detalhado, publicado na forma do livro *Kreuzzug Gegen Das Cristentum* (*Cruzada contra o Cristianismo*), em alemão, francês e polonês. O livro continha uma descrição cuidadosa dos campos de concentração, inclusive com plantas de alguns deles. A repercussão foi imensa e quando o livro chegou a Thomas Mann, na época refugiado do regime nazista, o escritor ficou tão tocado que, em carta enviada ao escritório da *Watch Tower*, narrou "o sentimento misto de aversão e ódio que encheu meu coração ao ler esses registros de degradação humana e crueldade abominável". E acrescentou: "A fala humana falha na presença da perversidade indescritível revelada nestas páginas, em que são registrados os sofrimentos terríveis de homens e mulheres inocentes, que sustentam firmemente sua fé".

Na Alemanha, torturas são infligidas a todos os que questionam a tirania inquisitorial de Hitler. A obsessão do governo de Hitler pelo "sangue ariano puro" faz reviver o que na Espanha era chamado de "Limpieza", quando a ancestralidade de praticamente todas as pessoas era examinada em busca de traços condenatórios de sangue judeu ou mouro.

O conjunto dessas publicações resultou numa enorme quantidade de cartas e telegramas de protesto enviados às chancelarias da Alemanha e de outros países. Um relatório de Karl R. Witting, agente diplomático do general Ludendorff, ilustrou a reação de Hitler e das autoridades à correspondência. Durante uma reunião de Witting com Wilhelm Frick, ministro do Interior, em Berlim, 7 de outubro de 1934, Hitler entrou na sala, e quando Frick lhe mostrou vários telegramas do exterior protestando contra a perseguição dos Estudantes da Bíblia, como então eram chamadas as Testemunhas de Jeová, Hitler gritou histericamente: "Essa raça será exterminada da Alemanha!". Mais tarde, em 13 de novembro de 1947, Witting prestou um depoimento, registrado no cartório de Frankfurt (Mein), e disse: "Nenhum outro grupo de prisioneiros ficou exposto à soldadesca SS de tal modo como ficaram os Estudantes da Bíblia. Era um sadismo marcado por infindável série de torturas físicas e mentais, as quais nenhuma linguagem no mundo pode expressar".

Nos anos seguintes a 1933, após um período inicial de reorganização, as Testemunhas de Jeová retomaram o contrabando de publicações, sua reprodução por meio de mimeógrafos, distribuição secreta, reuniões em grupos pequenos em lares dos membros e o proselitismo, este encarado como um dever acima de qualquer ordem humana. Mas, assim como no caso da Declaração, isso aparentemente só fez aumentar o número de prisões, especialmente com a obrigatoriedade do serviço militar, estabelecida em 1935.

EP&HV: A prisão em massa de Testemunhas de Jeová nos campos de concentração e casos de tortura antecedem o início da Segunda Guerra. O que produziu tamanho ódio?

MAS: O primeiro caso documentado foi o de Anna Seifert, enviada para o campo em Moringen em 9 de janeiro de 1935. Até 1935 havia 382 membros do grupo no campo de concentração de Sachsenhausen. O fato de não fazer a saudação nazista já se constituía motivo suficiente para a prisão. Em 1937 um jovem casal foi preso durante a cerimônia de seu próprio casamento por isso, e em 1939 a Gestapo prendeu um membro da orquestra sinfônica de Düsseldorf por não ter correspondido à saudação feita pelo maestro durante um concerto. Ele permaneceu preso por cinco anos nos campos de concentração de Sachsenhausen e Neuengamme. Conforme explicou Simone Arnold Liebster, Testemunha de Jeová sobrevivente, "*Heil,* que significa salvação, pertencia apenas a Jesus, e eu não iria atribuí-la a ninguém. E isso não era por razões políticas. Se qualquer pessoa insistisse em ser cumprimentada por *Heil,* eu teria recusado".

Mesmo nas condições sub-humanas dos campos de concentração, as Testemunhas de Jeová seguiam na tentativa de obter novos conversos. O diretor de Moringen, Hugo Krack, reportou que colocou Maria C. em uma cela solitária, pois, do contrário, ela seguiria "tentando espalhar suas ideias entre as outras prisioneiras". Em um caso notável, Charlotte Tetzner, inicialmente prisioneira política, tornou-se Testemunha de Jeová no campo de Bergen-Belsen, e quando transferida para Auschwitz negou-se a ser classificada como prisioneira política. Por isso ela própria fez e costurou um triângulo roxo sobre seu uniforme, o que a identificava como Testemunha de Jeová. Alguns Adventistas da Reforma enviados aos campos também receberam esse triângulo. Esse tipo de identificação unificada começara a ser usada nos campos de concentração em 1938.

A identificação tornava claro que não eram considerados criminosos comuns nem, especialmente, prisioneiros políticos. Tinham um "*status* especial", inclusive para outros presos, assim como para as SS, que os via como "objeto especial de ódio". Quando a guerra teve início em 1939, cerca de 6.000 Testemunhas de Jeová estavam presas e já submetidas a maus-tratos em campos de concentração. Em 1939, o governo britânico publicou o documento "Tratamento de Cidadãos Alemães na Alemanha 1938-1939", com um relato detalhado das atrocidades cometidas contra os prisioneiros. Trechos referem-se às Testemunhas de Jeová. Segundo um ex-detento, o judeu "*Herr* X", no campo em que ele estava havia 8.000 prisioneiros, e os rumores eram de que logo seriam 20 mil. "Havia 1.500 judeus e 800 Estudantes da *Bíblia*. Os demais eram políticos, os considerados criminosos e os ciganos. Cada um usava um distintivo: judeus, uma estrela de Davi amarela, Testemunhas de Jeová, um triângulo roxo etc. Os judeus podiam enviar e receber cartas duas vezes por mês. Aos Estudantes da Bíblia não era permitida nenhuma comunicação com o exterior, porém suas rações não foram cortadas. *Herr* X falou com o maior respeito sobre esses homens. "Sua coragem e fé religiosa eram notáveis e professavam estar dispostos a sofrer até o limite pelo que entendiam ser a vontade de Deus para eles".

A Enciclopédia do Holocausto (online), do Museu do Holocausto de Washington, mantém um banco de dados com biografias de sobreviventes e não sobreviventes. Cito um exemplo, o de Johann Ludwig Rachuba, um dos primeiros prisioneiros de Sachsenhausen, em 1936. Era mineiro e, pelo menos inicialmente, fisicamente forte. Ele era punido constantemente e com sadismo pela SS, de várias formas diferentes, tais como chicoteamento, cela solitária, ser pendurado em um poste e permanecer em pé por várias horas sem refeição, empurrar um carinho de areia usando as mãos e joelhos e com a cabeça na areia, enquanto era chutado de todos os modos pelas botas dos guardas. Numa ocasião, o chefe da prisão ordenou que fosse enterrado até o pescoço numa fossa sanitária, e ele mesmo e outro soldado da SS urinaram sobre ele e o mantiveram na fossa por uma hora. Ele ainda estava vivo quando, muito debilitado pelos maus-tratos e pela hipotermia, foi transferido para o campo de Wewelsburg, onde faleceu em 3 de setembro de 1942, sem ter permitido que a SS alterasse sua posição religiosa.

EP&HV: As atrocidades contra as Testemunhas estão muito bem documentadas. A recusa a ceder parece surpreendente?

MAS: Veja-se o relato feito por um ex-prisioneiro político, publicado em maio de 1937 no jornal *Deutschland-Berichte*, do partido exilado SPD (*Sozialdemokratischen Partei Deutschlands*), "Eles manifestam a coragem dos mártires e exibem uma firmeza que é sem igual dentro do campo de concentração. Desde o início, nós, os presos políticos, havíamos feito um acordo de não nos rebelar e nos submeter a todas as instruções vindas da administração do campo de concentração. Sabíamos que os oficiais da SS apenas esperavam por uma oportunidade e não hesitariam em tomar medidas contra nós. Portanto, nós fazíamos a necessária saudação a Hitler. No entanto, não há absolutamente nada que possa mover os Estudantes da Bíblia [a fazer a saudação a Hitler]."

A "oferta de serem libertados" era uma possibilidade real. Diferente de outros grupos como judeus, ciganos ou presos políticos, às Testemunhas de Jeová era facultada tal opção desde que declarassem que abandonariam os "ensinamentos dessa seita" e denunciassem imediatamente qualquer pessoa que revelasse suas ligações com ela. O texto inicialmente não era tão incisivo, alguns membros não o encararam como uma violação da neutralidade e o assinaram. Porém o número dos que assinaram posteriormente foi extremamente baixo, especialmente nos campos de concentração. A recusa significava uma prisão mais longa e duras punições, mas também lhes dava uma oportunidade de renovar sua afirmação de fé.

A SS exercia uma extrema pressão para que a declaração fosse assinada. O comandante do campo de concentração de Sachsenhausen, Hermann Baranowski, fuzilou August Dickmann, de 29 anos, por negar-se a entrar para o exército. O fuzilamento ocorreu na presença de centenas de prisioneiros, entre ele o irmão mais novo de Dickmann. Depois da execução, os prisioneiros foram dispensados, exceto as Testemunhas de Jeová, a quem foram oferecidas cópias da Declaração. Conforme o Anuário da entidade, nenhum deles aceitou. O irmão mais jovem de Dickmann foi avisado que seria o próximo caso não assinasse.

O fuzilamento de Dickmann, o primeiro alemão executado como objetor de consciência pelo governo nazista, foi relatado por um dos sobreviventes que testemunhou pessoalmente o episódio, Richard Rudolf, em entrevista registrada por Bernhard Rammerstorfer:

"Isso foi em Sachsenhausen. Era início de setembro de 1939, quando a guerra tinha começado. Todos nós tivemos de ir ao acampamento, e de longe já se podia ver um monte de cascalho empilhado para aparar balas. Na frente da pilha de cascalho havia uma parede de madeira, cerca de nove pés de comprimento e sete pés de altura. Nós ficamos alinhados em frente desta parede de madeira, cerca de duzentas Testemunhas de Jeová à direita, e duzentas à esquerda. À direita, perto da parede, havia uma caixa preta. Então, o nosso irmão na fé August Dickmann foi colocado à frente. O comandante disse que ele iria ser executado porque se recusara a defender a pátria alemã. Dickmann foi perguntado se mantinha sua decisão, e ele disse que sim, a manteria. Em seguida, ele foi ordenado a virar de costas. O pelotão de fuzilamento recebeu ordem de atirar, e nosso irmão na fé August Dickmann caiu no chão. Ele foi jogado dentro do caixão. Seu próprio irmão [Heinrich Dickmann] teve de colocar os pregos para fechá-lo. O caixão foi levado, e o comandante nos perguntou: 'Qual de vocês vai assinar?' Dois homens, que já haviam assinado, deram um passo à frente. Eles anunciaram ao comandante que queriam cancelar suas assinaturas. Nem uma única das Testemunhas de Jeová assinou. Elas eram todas da mesma opinião que o nosso irmão na fé August Dickmann. No final, haviam sobrado apenas cerca de dez de nós. Fomos informados de que os presos tais e tais seriam fuzilados naquela noite depois da última chamada. Nós já tínhamos dado nosso último adeus a nossos irmãos na fé, as Testemunhas de Jeová. Eu tinha feito isso também. Depois disso, não tínhamos mais o menor medo de sermos baleados. Quando foi a hora da chamada da noite, ela foi tão curta e rápida que nós achamos que algo devia ter acontecido. E, de fato, havia acontecido: o comandante que ordenou os disparos tinha tido um acidente vascular cerebral e morrido."

Com a continuação da guerra, os oficiais da SS se deram conta de que as Testemunhas de Jeová poderiam ser úteis de outras maneiras Alguns trabalharam como pedreiros. Entre 30 e 50 trabalharam no Sanatório Hohenlychen da SS, num local tranquilo, em Uckermark, frequentado por líderes do governo e da SS, como Josef Goebbels, Himmler e até Hitler. Outros foram enviados para instalações agrícolas. Em 1942, dez mulheres foram designadas para cuidar da casa de Felix Kersen, médico pessoal de Himmler. Várias trabalhavam como cozinheiras e babás para os oficiais da SS. Os oficiais usavam Testemunhas de Jeová como barbeiros, porque sabiam que eles "não usariam essa oportunidade para lhes cortar a garganta".

O abrandamento das condições foi usado pelas Testemunhas de Jeová para aumentar seu trabalho às ocultas. Em alguns campos, chegaram a imprimir a revista A Sentinela. No campo de Neuengamme, próximo a Hamburgo, imprimiram cartões com suas mensagens nos diferentes idiomas falados pelos prisioneiros e organizaram um trabalho sistemático de pregação. Isso contribuiu para que sua mensagem fosse disseminada pela Europa depois do final da guerra, em 8 de maio de 1945, e a reorganização fosse rápida.

A perseguição nazista e a guerra atingiram profundamente as Testemunhas de Jeová em termos numéricos e materiais. De acordo com seus registros:

"Durante o regime de Hitler, 1.687 deles perderam seus empregos, 284, seus negócios, 735, os seus lares e 457 não obtiveram permissão de exercer sua profissão. Em 129 casos, sua propriedade foi confiscada, a 826 pensionistas se negou o pagamento de suas pensões, e 329 outros sofreram outras perdas pessoais. Houve 860 crianças que foram retiradas do convívio dos pais. Em 30 casos, dissolveram-se casamentos devido à pressão por parte de autoridades políticas, e, em 108 casos, foram concedidos divórcios quando solicitados por cônjuges opostos à verdade [religião]. Um total de 6.019 foram presos, vários deles duas, três ou até mesmo mais vezes, de modo que, somando-se tudo, 8.917 prisões foram registradas. Juntando-se tudo, foram sentenciados a 13.924 anos e dois meses de prisão. [...] Um total de 2.000 irmãos e irmãs foram lançados nos campos de concentração, onde gastaram 8.078 anos e seis meses, uma média de quatro anos. Um total de 635 pessoas morreram na prisão, 253 tendo sido sentenciadas à morte e 203 delas tendo realmente sido executadas."

EP&HV: Como ocorreu o episódio em que Himmler deu às suas tropas o exemplo das Testemunhas?

MAS: Em termos numéricos, a ausência das Testemunhas de Jeová nas atividades pró-nazistas pode ser considerada irrelevante quando lembramos que eram 25 mil numa população de 65 milhões. Seu apoio, se conquistado, dificilmente compensaria os custos que o Estado empenhou em sua tentativa de extermínio. Porém, a existência de outro "centro de lealdade" era intolerável à ideologia do regime totalitário nazista. E, de fato, não era somente a existência desse centro, mas a disposição de renunciarem a tudo para manter essa lealdade, o que incluía sua própria vida e a vida, por assim dizer, de sua organização.

A direita, revista *Consolation*, de novembro de 1939

O próprio Heinrich Himmler, comandante da SS, referiu-se a essa lealdade. Segundo o comandante do campo de Auschwitz, Rudold Höss, tanto Himmler como Theodor Eicke, comandante de divisão da SS, em várias ocasiões se referiam à fé fanática das Testemunhas de Jeová como um exemplo para suas tropas: "Apenas quando todos os homens da SS acreditarem tão fanaticamente assim em sua própria filosofia o Estado de Adolf Hitler permanecerá seguro. Uma *Weltanschauung* (visão de mundo, filosofia de vida) só pode ser estabelecida e mantida permanentemente por fanáticos preparados para o extremo de sacrificar seus egos pelas suas ideias".

PUBLICAÇÃO QUE DENUNCIAVA AS PRÁTICAS NAZISTAS

The Delightful Concentration Camps

Thousands of men, of all creeds and shades of political opinion, unconvicted of any crime, languish under conditions of medieval barbarity in Hitler's infamous concentration camps. Tortured beyond belief, many perish, some actually murdered by their brutal guards.

How Trade Unions and Labor Have Been Fostered

Labor has been deprived of all rights of collective bargaining. Striking, or even talking of a strike are crimes punishable by the death penalty. Labor's leaders have been tortured, shot down and exiled. Labor has been sold into slavery.

How Germany Respects its Minorities

Thousands of pitiful refugees despoiled of all possessions are fleeing from Germany while the world stands appalled. Men, women and children humiliated and ruined are being expelled from the land which they and their forefathers for generations have loved and worked for.

How the Children are Being Trained

Almost from infancy onward German youth under Hitler and his satellites is being prepared for war. Youth organizations directly under State control spend their days drilling, marching, learning how to shoot and throw grenades. They are being taught that "war is glorious."

How Peacefully Germany is Inclined

Throughout the land munition making is the most flourishing industry. Under her rearmament plans Germany is building a tremendous army. Militarism is rampant despite the peaceful phrases which drip so continually from Hitler's lips.

How German Womanhood Flourishes under Hitler

German women have been expelled from the professions. But Nazidom requires workers to replace the artisans now employed in the armament industry. Therefore German womanhood has been enlisted, and, under regular discipline and supervision, dragooned into the heaviest, most unpleasant manual labor.

Visit Germany and see the sights

NOVEMBER 1, 1939

25

Existem no Brasil 906.356 seguidores, que se reúnem em 12.441 congregações. Representam, portanto, 0,4% da população brasileira. As Testemunhas de Jeová brasileiras informam que educam suas novas gerações sobre o que foi a resistência ao regime nazista para ensinar, com exemplos, que os jovens podem "resistir às drogas, aos vícios ou a uma vida desregrada", mesmo que isso signifique fazer parte de uma minoria.

"

A tua raça de aventura
Quis a terra, o céu, o mar.
Na minha, há uma delícia obscura
Em não querer, em não ganhar.
A tua raça quer partir,
Guerrear, sofrer, vencer, voltar.
A minha, não quer ir nem vir.
A minha raça quer passar."

CECÍLIA MEIRELES

(NE O) NA ZI S MO,

O MUNDO NÃO CHOROU PELOS CIGANOS

conversa com

Marcelo Vacite e **Carlos Rodrigo** Gevegir Pinto

Ciganos amarrados em postes, as faces pintadas de produtos químicos nocivos, tornaram-se imagens representativas da violência da guerra Rússia-Ucrânia e evocam, oito décadas mais tarde, a perseguição e o assassinato de 500 mil deles pelos nazistas. Até hoje, a discriminação de que os ciganos são vítimas, sobretudo no Leste Europeu, resulta em sofrimentos físicos e psicológicos pouco lembrados. Dois integrantes da etnia no Brasil, **MARCELO VACITE** (cigano Rom do Clã Horahano, presidente da União Cigana do Brasil) e **CARLOS RODRIGO GEVEGIR PINTO** (Rom, Kalon Português, historiador e artista plástico) explicam que o genocídio que sofreram não é ensinado nas escolas. Agora é hora de fixar fatos na memória das próximas gerações: em área nobre de Berlim, no Memorial aos ciganos mortos e sobreviventes dos campos de extermínio, visitantes do mundo inteiro emocionam-se ao ler, na entrada, um trecho do poema "Auschwitz", de autoria do Rom italiano Santino Spinelli: "faces encovadas/olhos apagados/lábios frios/silêncio/um coração arrancado/sem palavras/nenhuma lágrima".

ELIANE PSZCZOL & HELIETE VAITSMAN: Os nazistas fuzilaram em Babi Yar, na Ucrânia, cerca de 70 mil pessoas entre 1941 e 1943 – judeus, ciganos, doentes mentais e prisioneiros soviéticos. O massacre voltou a ser lembrado em fevereiro de 2022, quando da invasão russa à Ucrânia, porém pouco se falou das vítimas Rom e Sinti (dois grupos de ciganos). Quais são as razões dessa omissão?

MARCELO VACITE & CARLOS RODRIGO GEVEGIR PINTO: No mês de setembro de 1941, em apenas dois dias, aproximadamente 34 mil pessoas de várias etnias, entre elas os ciganos dos grupos Rom (membros da minoria originários principalmente dos países Bálcãs e do Leste Europeu) e Sinti (minoria originária de regiões da Europa ocidental e central da Europa), foram fuzilados em Babi Yar, uma região de colinas e florestas. Foi uma das maiores execuções em massa no período do Holocausto. A crueldade contra os ciganos na Europa foi tamanha que, na língua utilizada por uma parte da população, chamamos o Holocausto de *Baro Porrajmos*. *Porrajmos* significa devorar, e *Baro Porrajmos* pode ser traduzido em português como grande consumação da vida humana. E o exército de Hitler é chamado de Legião Negra, o que é mencionado em nosso hino "Gelem Gelem" [*Djelem, Djelem* – o hino cigano]. Em Babi Yar, as vítimas eram obrigadas a se despir antes do fuzilamento e eram jogadas em valas coletivas, algumas ainda vivas. Eram crianças (*chinorrê*), mulheres (*romlia*) e idosos (*purê*). Massacres parecidos ocorreram em vários vilarejos invadidos pelos nazistas, e avisos do avanço deles vazavam para os outros, por meio de marcas deixadas nas estradas, informando que determinada região era perigosa para os Roms.

Como nossa história é ágrafa, de transmissão oral, grande parte do que se tem sobre ciganos são fontes e relatos de não ciganos, num contexto eurocêntrico e preconceituoso. Nunca omitimos o que aconteceu, mas fomos omitidos pela historiografia, como se nossas vidas não importassem, apagados da história do Holocausto nazista. Isso fez muitos ciganos se calarem, viverem suas dores internamente, suas cicatrizes jamais curadas. Fomos omitidos até do julgamento de Nuremberg (cidade na Alemanha onde, em 1945 e 1946, 24 dos principais criminosos nazistas foram levados a julgamento, com juízes das Forças Aliadas presidindo os interrogatórios). Mas outras minorias perseguidas também custaram a contar suas histórias, como é o caso dos homossexuais e das Testemunhas de Jeová, por exemplo.

Agora estamos atentos, em tempo real, ao que se passa com os ciganos ao redor do globo. Na guerra entre Rússia e Ucrânia, recebemos a triste notícia de que alguns ciganos foram amarrados em postes e suas faces pintadas com produtos que ardem e fazem mal à pele, por estarem buscando alimentos para sua sobrevivência em meio ao caos.

EP&HV: Os Sinti e os Roms viviam na Alemanha há mais de 600 anos quando o regime nazista os incluiu no projeto de extermínio. Dos dois grupos descen-

dem 70 mil alemães que têm no romani sua segunda língua. Isso indica uma integração bem-sucedida na Alemanha?

MV&CGP: No passado, ciganos viviam na Alemanha não só em caravanas e companhias (acampamentos), mas alguns viviam em cidades, exercendo diversos ofícios, por exemplo, artistas circenses, músicos, ourives, entre outros. Também foram exímios negociantes, comerciantes, assim como os judeus.

Certamente não há uma integração perfeita, eu mesmo encontrei Roms que ainda sofrem discriminação. O que está sendo trabalhado em organizações ciganas na Alemanha, bem como em outros países da Europa, é a educação, que permitirá amenizar o ódio e o preconceito, em paralelo a uma legislação que seja cumprida. As leis do passado não reprimiam as perseguições, e houve injustiças infinitas, impedindo a igualdade.

Organizações Romani em diversos países continuam a lutar contra o fascismo, o extremismo de direita e o crescimento neonazista. Em abril de 1971, foi realizado o primeiro Congresso Mundial Cigano, próximo a Londres, com delegações de vários países. "Se não for preservada hoje nossa memória, amanhã ninguém lembrará", foi um dos lemas. Outro foi: "Erguei-vos, jovens ciganos" [*Opré romalé, opré chevalé*].

EP&HV: Em 2012, foi inaugurado em Berlim um memorial aos ciganos vítimas do nazismo. É uma vitória?

MV&CGP: O memorial é válido, claro, com a homenagem

se estendendo aos sobreviventes da monstruosidade nazista, mas foi construído tardiamente, com anos de atraso. Demorou muito o reconhecimento do sofrimento e da quase extinção dos ciganos na Europa. Muitas solicitações políticas e ações de organizações foram necessárias para a construção do monumento, projetado pelo arquiteto israelense Dani Karavan.

Hoje se fala abertamente sobre a perseguição aos Roms na Segunda Guerra, e explicamos isso à atual geração. Sabemos que, apesar do planejamento sistemático elaborado pelos nazistas, a perseguição aos ciganos apresentou características diferentes, dependendo da região onde eles residiam e da relação entre o governo local e a autoridade nazista. A violência foi mais direta nos territórios ocupados pelos nazistas. Nos países que não foram ocupados, mas que contavam com um governo pró-nazifascista, as ações eram mais difusas, porém não menos bárbaras e desumanas.

Cheguei a conhecer [Marcelo Vacite falando] minha bisavó materna, cujo braço era marcado pelo número tatuado pelos nazistas nos campos de concentração. Originária da Iugoslávia, como nômade ela passou pela Croácia, Eslovênia, Alemanha, antes de chegar ao Brasil.

EP&HV: Organizações de direitos humanos relatam uma grande discriminação no Leste Europeu, principalmente na Romênia, Sérvia e Macedônia, com episódios de violência, crianças sem acesso a escolas, famílias sem atenção à saúde e ao mercado de

trabalho. Vocês costumam abordar essas questões internamente?

MV&CGP: Vivemos um momento de mudanças políticas sérias, epidemia, guerra, crescimento do fascismo, do extremismo de direita. Internamente conhecemos e debatemos essas questões, mas com a sensação de que só os membros da etnia realmente entendem e se preocupam.

No Europa, infelizmente, há muito ódio e preconceito em relação a minorias, principalmente aos ciganos, com barbaridades cometidas até hoje. Alguns exemplos do que ainda acontece: entre tantas exclusões, nos países dos Bálcãs Ocidentais, por exemplo, os Rom reclamam da falta de documentação – registro de natalidade, entre outros documentos – necessária para sua inserção na sociedade; em outubro de 2015, na França, um bebê cigano faleceu na rua de síndrome de morte súbita nos braços de sua mãe. Por puro preconceito, seu sepultamento no cemitério de Champlan foi rejeitado pelo prefeito da cidade e só após uma grande manifestação de populares o enterro se realizou. Nos Estados Unidos também há exemplos, e citamos um: em setembro de 2007, Rose Marco, uma cartomante de etnia cigana, de 57 anos, teve seu corpo incendiado na Sunset Boulevard em Hollywood, e veio a falecer no hospital.

A maior parte dos romani vive de forma precária, longe das cidades, em locais insalubres, em um tipo de gueto. Essa vulnerabilidade econômica vem sendo utilizada como "bode expiatório" para o crescimento dos partidos de extrema direita na Europa. Esses grupos, que flertam abertamente com o neonazismo, ecoam estereótipos dos ciganos como um grupo biologicamente conectado à criminalidade e formado por indivíduos incivilizados, de maneira muito semelhante ao que se viu no passado.

Como contraponto, os ciganos recebem uma pequena assistência da União Europeia para seu sustento básico, junto a cursos profissionalizantes para os mais jovens. Mas na Eslováquia, por exemplo, as moças ciganas que recebiam formação como vendedoras, balconistas, cabeleireiras, ao levarem seus currículos às mais variadas empresas, eram dispensadas, sentindo assim o preconceito na alma, na carne. Os comerciantes locais diziam que as vagas haviam sido preenchidas, tudo para não lhes oferecer o emprego. E as ciganas só queriam trabalhar. Houve falhas no projeto de assistência, não houve um trabalho de educação para os comerciantes. E a discriminação continua.

Como se sentem os jovens e as jovens que não têm oportunidades de crescer, de evoluir, de interagir, de ser incluídos em todos os sentidos? Sentem-se estigmatizados por sua origem, cultura e condição. O que se tornará esta nova geração excluída? São questões muito preocupantes para hoje, não para amanhã. Ciganos que se destacam financeiramente vivem em outros locais, mas seria uma utopia pensar que eles poderiam ajudar a todos os demais.

EP&HV: Os ciganos brasileiros se sentem ameaçados com a ascensão da extrema direita e de grupos neonazistas?

MV&CGP: A realidade no Brasil difere da europeia. Não há uma preocupação em relação a essas ameaças. O que existe é a ideia de não compactuarmos com qualquer tipo de ideologia nazista. Nenhum gesto ou comportamento fascista e neonazista terá a simpatia dos ciganos. Os ciganos são contra qualquer espécie de extremismo, de perseguição e de preconceito.

Na Europa, onde a violência foi vivida na pele, evidentemente é maior o receio do extremismo. Grupos com ideologias nefastas e em ascensão preocupam não só a nós, ciganos, mas a todo ser humano com o mínimo de discernimento, dignidade e respeito ao seu semelhante. No Brasil, nas aulas de história, nem o Holocausto judeu, que é mais conhecido, é quase mencionado. Em geral só se faz uma vaga referência, sem detalhes, aos judeus perseguidos no nazismo. O genocídio dos Rom nunca era mencionado, o *Porrajmos* foi e ainda é negligenciado de uma maneira geral, a execução em massa dos ciganos demorou para ganhar visibilidade, o que só começou a acontecer na década de 1970.

Outro fator contribuiu para a tentativa de apagamento do genocídio Rom: a negação por parte das autoridades nazistas de que os ciganos foram alvo de perseguição por sua condição étnica. O argumento utilizado era de que a população romani havia sido alvo porque seriam "antissociais", eram pessoas que viviam à margem da sociedade, sobrevivendo de pequenos crimes e fazendo uso de bruxaria. O *establishment* nazista utilizou profusamente todo e qualquer estereótipo que servisse para desqualificar social e culturalmente o grupo como um todo e com isso justificar seu assassinato sistemático.

No entanto, nos últimos anos, já tem sido possível encontrar, em alguns livros didáticos, trechos de textos pontuando que o regime nazista também perseguiu opositores políticos, homossexuais e ciganos. O espaço dedicado a esses grupos ainda é pequeno, porém é um começo.

A memória cigana vem sendo discutida e requalificada desde os anos 1970. Há no Brasil livros com capítulos que fazem referência ao nosso Holocausto: *Ciganos Natureza e Cultura*, de autoria do falecido médico Rom Oswaldo Macedo (Ed. Imago;1992). E *Omissos e Omitidos na Historiografia: Os Ciganos*, do historiador Carlos Rodrigo Gevegir Pinto (1996).

A primeira organização da América Latina em prol dos Rom foi a União Cigana do Brasil (UCB), sem fins lucrativos, vinculada à ONU (Organização das Nações Unidas) e reconhecida como representante da cultura cigana no país pela Internacional Roma Federation. A UCB, criada pelo falecido Mio Vacite e hoje presidida por Marcelo Vacite, nunca se omitiu em relação aos Rom na Segunda Grande Guerra, ao contrário, sempre trabalhamos arduamente para revelar aos não ciganos tudo o que aconteceu. Não esquecer o que se passou durante a Segunda Guerra Mundial pode ajudar a não repetir os mesmos passos e evitar novas injustiças contra os povos ciganos.

EP&HV: Há ciganos brasileiros que não revelam sua origem, temendo o preconceito. Por outro lado, houve uma integração. Como isso acontece?

MV&CGP: Destacamos sempre o preconceito étnico. O que

ocorre com os criptociganos (ciganos que negam sua etnia) é que, ao galgar determinada posição social, omitem sua origem por receio de rótulos e preconceitos. Precisamos travar uma luta diária para a preservação de nossa cultura, para cada indivíduo ser quem de fato é.

Os ciganos estão em todo o Brasil e têm diversas crenças, inclusive o protestantismo. Há uma maior concentração nos Estados de São Paulo, Bahia, Rio de Janeiro e Paraná. Ciganos estão se formando em diversas áreas e profissões – advogados, professores, músicos. Fomos os primeiros oficiais de Justiça do Brasil, os primeiros meirinhos do Brasil Colônia. Fazemos e fizemos parte da construção do país desde 1574, segundo documentos. Na verdade, porém, já estávamos na frota de Pedro Álvares Cabral como ferreiros.

Após o "descobrimento", os colonizadores, sentindo a necessidade de povoar os territórios de além-mar, iniciaram a política de degredo de ciganos. A tentativa de forçar uma integração com o restante da população portuguesa resultara num grande fracasso: os ciganos, inteligentemente, recusavam-se a abandonar sua cultura e seu modo de viver. Desde a metade do século 16, nossos ancestrais se espalharam por todo o território brasileiro. Por isso, trabalhamos para mostrar e divulgar que para compreender a cultura brasileira em sua totalidade devemos levar em conta a contribuição que os ciganos trouxeram para as artes, a toponímia, o trajar, entre outros aspectos da vida tradicional do Brasil.

Mas além de trabalhar para preservar a memória do nosso povo, também lutamos por ideais como o desenvolvimento sustentável das famílias ciganas em consonância com as especificidades históricas contemporâneas, de modo a garantir os mesmos direitos sociais de qualquer brasileiro, tais como saúde, preservação cultural, educação e documentação.

Em 2007, o governo do presidente Luiz Inácio Lula da Silva criou o Prêmio Culturas Ciganas, dentro de uma política cultural voltada para as culturas de povos ciganos no Brasil, visibilizando nossa memória e história no único país do mundo a ter dois presidentes de ascendência cigana: Washington Luís e Juscelino Kubitschek. Além deles, citamos outras personalidades de origem cigana que contribuíram para a cultura brasileira: Cecília Meirelles (poeta – escritora), Zilka Salaberry (atriz), Dedé Santana (humorista), Benito de Paula (cantor), Wagner Tiso (compositor), Castro Alves (poeta), entre tantos.

Mantemos nossa alegria de viver, e somos firmes na defesa de nossas crianças e de nossos idosos, que são nossas bibliotecas e fonte de conhecimento oral. Nunca se encontrará uma criança cigana abandonada, ou um idoso jogado em um asilo. Não fazemos guerras, não destruímos a natureza. Somos simplesmente Ciganos... Ciganos, "Cigamos"...

Original

Gelem Gelem
Gelem, gelem lungone dromensar
galem
maladilem baxtale Rromençar
A Rromalen kotar tumen aven
E chaxrençar bokhale chavençar

A Rromalen, A chavalen

Sàsa vi man bari familja
Mudardás la i Kali Lègia
Saren chindás vi Rromen vi Rromen
Maskar lenoe vi tikne chavorren
A Rromalen, A chavalen

Putar Dvla te kale udara
Te saj dikhav kaj si me manusa
Palem ka gav lungone dromençar
Ta ka phirav baxtale Rromençar

A Rromalen, A chavalen

Opre Rroma isi vaxt akana
Ajde mançar sa lumáqe Rroma
O kalo muj ta e kale jakha
Kamàva len sar e kale drakha

A Rromalen, A chavalen.

Tradução

Djelem, Djelem
Caminhei, caminhei por longos caminhos
Conheci Roma afortunados
Oh, Roma, de onde vocês vêm
com tendas e as crianças famintas?

Oh, Roma, oh jovens!

Também tinha uma grande família
foi assassinada pela Legião Negra
homens e mulheres foram esquartejados
entre eles também crianças pequenas.

Oh, Roma, oh jovens!

Abre, Deus, as negras portas
para que eu possa ver onde está minha
gente.
Voltarei a percorrer os caminhos
e caminharei com os afortunados Roma.

Oh, Roma, oh jovens!

Avante, Roma, agora é o momento,
Venham comigo os Roma do mundo
Da cara morena e dos olhos escuros
Gosto tanto como das uvas negras

Oh, Roma, oh jovens!

"

O Brasil é o filho que rejeitou sua mãe originária e, por isso, ainda estamos distantes de muitas práticas sociais coletivas e democráticas."

ALINE PACHAMAMA_ indígena da etnia Puri da Mantiqueira, escritora, doutora em História Cultural (UFRRJ)

(NEO) NAZISMO,

POR QUE A VIOLÊNCIA? POR QUE TANTA DESTRUIÇÃO?

conversa com
Marylink Kupferberg

A obra de Sigmund Freud continua essencial para a compreensão do mundo e das relações entre os seres humanos, diz a psicanalista **MARYLINK KUPFERBERG**, doutora em psicologia clínica pela UFRJ, membro do Círculo Psicanalítico-RJ e autora de *Filhos da Guerra, um Estudo sobre Trauma e Transmissão.* O pai da psicanálise afirmava, há um século, a necessidade de obediência a duas instâncias supremas, o Direito e a Lei, para arbitrar litígios e violências, mas não foi ouvido, e a humanidade persiste na indiferença ao sofrimento do Outro. O ovo da serpente que germinou no início dos anos 1930, com a segregação preponderantemente antissemita e a destrutividade cientificamente planejada, abriu caminho à Solução Final genocida e à indústria do extermínio nazista, o que não se reduz ao trauma particular do povo judeu. "A brutalidade e a desumanização do século 20 estendem-se ao século 21, com a ascensão do barbarismo e a crueldade exercida de forma cada vez mais impessoal e trivializada na vida rotineira da sociedade civil."

ELIANE PSZCZOL & HELIETE VAITSMAN: O que foi a ideia de eugenia nazista? Como foi colocada em prática? Deficientes mentais, considerados "inúteis" à sociedade, tiveram uma atenção especial?

MARYLINK KUPFERBERG: Eugenia, termo que vem do grego e significa "boa origem", não foi uma ideia original do nazismo, e já circulava na Europa entre cientistas do século 19. Mas o conceito de superioridade racial germânica data do século 15, quando um sentimento de patriotismo germânico foi estimulado em face do desdém dos italianos pela inferioridade e barbarismo dos germânicos. Ao patriotismo agregou-se o ideal de uma nação, somente consolidado no século 19 quando os povos germânicos se unificaram. A crença na raça pura teve seu auge nos séculos 19 e 20, a partir da proposta de alguns etnólogos que acreditavam que todos os povos europeus de etnia branca caucasiana eram descendentes do antigo povo ariano.

Em 1935, na Alemanha Nazista, as leis de Nuremberg, tal como nos tempos da Inquisição na Espanha (época em que a proposta de desinfecção do país para livrá-lo da destruição levou à exclusão social seguida da expulsão dos judeus e dos cristãos novos) definiram a categoria de *Mischlinge* – meio judeu ou um quarto judeu –, considerados impuros, portadores de sangue estigmatizado como perigoso, que podiam ser identificados pela aparência, comportamento e caráter. Investigava-se a marca da impureza do sangue judeu nas três gerações que antecediam a de um indivíduo qualquer, segundo a origem religiosa, fosse ele praticante ou não, e, quando descobertos, os *Mischlinge* eram imediatamente transformados em párias, comparados a ratos e piolhos a serem exterminados. Dessa forma a lei nazista se apropriou da tradição para exercer a sua lógica mortífera de limpeza, arianização da raça.

A recuperação, no século 20, da teoria racista do século 15, vinha respaldada pela tecnologia da ciência moderna e acompanhada pela indiferença conivente da maior parte da população europeia, determinando novos destinos para práticas antigas. Essas crenças, amplamente divulgadas pela filmografia propagandística do Terceiro Reich, abriram caminho para carreiras, de maneira perversa, em vários setores profissionais, incluindo médicos e cientistas interessados na revitalização da raça ariana e aperfeiçoamento da cultura alemã, através da erradicação das "impurezas", estreitando, dessa forma, as relações entre os diversos campos da ciência e os objetivos da ideologia nazista.

Os passos que levaram à "Solução Final" – extermínio em câmaras de gás de milhões de judeus de todos os cantos do mundo – tiveram início ainda em 1935, nas clínicas universitárias alemãs, quando seus médicos passaram a se encarregar da esterilização de crianças "não arianas puras" e de doentes mentais crônicos. Foram todos integrados a um projeto chamado *"Aktion T 4"* ou "Eutanásia", implantado a partir de outubro de 1939, que inicialmente consistia na eliminação de crianças até 3 anos portadoras de deficiências ou doenças incuráveis e depois foi se estendendo às demais idades, tornando-se o modelo de extermínio em massa.

A direita, príncipe Dom Augusto Leopoldo, princesa Don Carolina de Saxe-Coburg e Bragança e seus quatro filhos mais velhos, os príncipes Dom Augusto e Do Raniero e as princesas Do Clementina e Dona Maria Carolina, esta última no col de seu pai.

A Princesa Dona Maria Carolina de Saxe-Coburgo e Gotha, bisneta do Imperador D. Pedro II era portadora de doença mental e vivia em uma clínica psiquiátrica em Schladming, Áustria. De lá foi levada pelos nazistas, junto aos outros pacientes da clínica, para o Centro de Eutanásia de Schloss Hartheim (Castelo Hartheim), um centro de extermínio também na Áustria. Todos foram assassinados, em 1941, em câmaras de gás do próprio castelo, como parte do programa de eutanásia Aktion T4.

A partir de 1942, os "carregamentos" de judeus, vindos de todos os países da Europa, começaram a chegar à Polônia em "transportes" (trens de gado apinhados) que iam em direção a Chelmo, Belzec, Auschwitz, Buchenwald, Treblinka e outros campos de concentração, onde as câmaras de gás e os fornos crematórios os esperavam. A "Solução Final" passou pelo aprisionamento em guetos e campos de concentração, trabalho escravo, experiências científicas perversas, marchas forçadas, fome, frio e execuções em massa, levados a cabo por Göehring (assessor de Hitler e segundo homem do Partido Nacional-Socialista) e Himmler (chefe da SS, organização responsável pelos campos de concentração). A utopia racial nazista, da qual participou a maior parte do povo europeu, consistiu em escravizar os eslavos, os comunistas, remover os ciganos e eliminar todos os judeus da área de domínio germânico.

Antes mesmo de a Segunda Guerra Mundial ter início e de os campos de concentração se tornarem fábricas industriais de extermínio que promoviam a morte em grande escala, Hitler e a sua "elite eugenista" faziam os experimentos com procedimentos eugênicos para preparar a "Solução Final". Assim, no dia 18 de agosto de 1939, uma circular do Ministério do Interior obrigava médicos e parteiras do Reich a declararem as crianças que sofriam de alguma deformidade: foi decidido que todos os recém-nascidos portadores de deformações ou anormais seriam reunidos em seções especiais, assassinados por meio de uma injeção de drogas ou pela fome. A partir de setembro do mesmo ano, a chancelaria do Führer, atendendo ao seu pedido, passou a desenvolver mecanismos sigilosos de aplicação da eugenia, desde a elaboração de listas de pacientes doentes mentais, esquizofrênicos, epilépticos, paralíticos e psicopatas até a criação de uma empresa destinada a transportar as pessoas dos hospitais para os centros de eutanásia, onde eram mortas por gás tóxico. Uma preparação para a deportação, o isolamento e o extermínio de judeus, ciganos, poloneses e outros tipos de pessoas consideradas inferiores e nocivas à pureza da raça. Cumpre lembrar que nada disso teria sido possível sem a colaboração de médicos alemães que listavam aqueles que deveriam ser eliminados.

Ao fim da guerra, em 1945, seis milhões de judeus

1_AGAMBEN, G. 2014.

2_FREUD, 1980.

3_Freud conceit o "Narcisismo das Pequenas Diferenças" no *Tabu da Virginda* (1917a), no cap. V da *Psicologia do Ego* (1921 C) e no cap. V de *O mal-estar na civilizaçã* (1930), *O tabu da virgindade* (1917 ESB. Imago, RJ.

4_FUKS, B. 2003

5_Idem

6_BIRMAN, J. 2002.

7_FREUD, S. 192

haviam sido mortos nos campos de concentração. Em outras palavras, segundo Giorgio Agamben, os judeus se constituíram, para os nazistas e colaboradores, como *homo sacer*, representantes da vida nua,[1] aqueles que podiam ser mortos, cuja "biopolítica genética converteu-se também em tanatopolítica". Uma vez considerados intoleráveis, passaram a ser exterminados, abolindo-se a sociedade que até então se sustentava a partir do narcisismo das pequenas diferenças.[2]

EP&HV: O que é o conceito psicanalítico de "narcisismo das pequenas diferenças"? No Brasil, onde havia a crença de sermos praticamente imunes ao crescimento do neonazismo, esse conceito ajuda a explicar a realidade atual?

MK: Tentar compreender como psicanalista significa pensar que, depois da *Shoá*, os escritos metapsicológicos de Freud associados à cultura têm de ser abordados levando em conta os acontecimentos que engendraram a *Shoá*, de modo a se poder compreender de alguma forma o que, na época, aboliu a possibilidade do fenômeno grupal de amor e ódio, que Freud havia conceituado como o "narcisismo das pequenas diferenças".

Em 1917, durante a Primeira Guerra Mundial, Freud postulou esse conceito no "Tabu da Virgindade", seguindo as ideias do antropólogo britânico Alfred Ernest Crawley, para quem "cada indivíduo é separado dos demais por um 'tabu de isolamento pessoal' e que constituem precisamente as pequenas diferenças, em pessoas que, quanto ao resto, são semelhantes, que formam a base dos sentimentos de estranheza e hostilidade, entre eles". Ao que Freud, em seguida, acrescenta:

> Seria tentador desenvolver essa ideia e derivar desse narcisismo das pequenas diferenças a hostilidade que em cada relação humana observamos lutar vitoriosamente contra os sentimentos de companheirismo e sobrepujar o mandamento de que todos os homens devem amar ao seu próximo (FREUD, 1917, p. 184).

Segundo a teoria freudiana, os membros de uma comunidade, em geral, dirigem seu ódio contra alguém ou um grupo considerado "estrangeiro", isto é, aquele que é marcado por uma diferença e, através dessa satisfação conveniente e relativamente inócua da pulsão de destruição, a coesão entre os membros de uma comunidade – que se identificam entre si a partir da identificação com o líder – torna-se possível.[iii] Em outras palavras, é do narcisismo das pequenas diferenças que deriva a hostilidade de um ser humano em relação a outro; ele é, simultaneamente, a "base da constituição do 'nós' e do 'outro' na fronteira que tem por função resguardar o narcisismo da unidade" [4] e obstáculo constante à prevalência da solidariedade e da tolerância, sobre os mecanismos de segregação e destruição.

O detalhamento desse narcisismo é realizado posteriormente no ensaio sobre a psicologia das massas (1921), escrito por Freud no período entre as duas guerras que sacudiram a modernidade, como uma de suas primeiras leituras sobre o nazismo já existente nessa época, mas ainda sem a força de expressão popular que veio a eclodir nos anos 1930. Nele estão indicadas as condições nas quais uma massa homogênea se curva ante as ordens de um líder, identificando-se ao ideal nele projetado e outorgando-lhe total poder de manipulação, incluído todo o potencial de violência aí implicado, uma vez que o ataque é realizado contra tudo aquilo – ou aquele – que seja indicação de qualquer diferença. Em seu paroxismo, o narcisismo das pequenas diferenças funciona diante de qualquer ameaça à estabilidade da massa homogênea e passa a requerer o triunfo dos sentimentos de companheirismo entre os idênticos e intolerância e destrutividade para com os outros, aqueles que devem ser segregados.

Em 1930, Freud escreve *O mal-estar na cultura*, e nos adverte quanto à dificuldade que o homem enfrenta para renunciar à satisfação possível de ser desfrutada na agressão ao próximo, condição da possibilidade de viver em comunidade. É aí que o conceito de narcisismo das pequenas diferenças lança luz sobre a inclinação do homem para a agressão ao outro, assim como aponta o lugar do estrangeiro como escoadouro dessa agressão. Foi esse conceito que introduziu um modelo teórico para explicar como a inclinação do homem para a agressão é instrumentalizada na cultura: ao mesmo tempo em que satisfaz sua inclinação para a agressão, facilita e promove a coesão entre os membros de um grupo. Como paradigma dos efeitos do narcisismo das pequenas diferenças, Freud aponta o povo judeu, que, ao longo dos tempos, se tornou alvo de repetidas perseguições e escreve:

> Com respeito a isso, o povo judeu, espalhado por toda a parte, prestou os mais úteis serviços às civilizações dos países que os acolheram; infelizmente, porém, todos os massacres de judeus na Idade Média não bastaram para tornar o período mais pacífico e mais seguro para seus semelhantes cristãos.

Muitos anos antes de se poder imaginar a violência que iria ser deflagrada entre os homens, Freud alertou para as crenças e ilusões cultivadas naquela época a respeito dos avanços da civilização, tanto no que se referia ao progresso da tecnologia quanto da ciência. Em suas reflexões sobre a guerra, considerada como sendo a situação que confronta o homem diretamente com o limite da morte, Freud, sensível diante da dimensão destrutiva exibida pelos mesmos homens que haviam construído uma civilização que acumulara progressos em todas as áreas, desde a ciência e a tecnologia até as artes, problematizou a noção de progresso, isto é, de que o avanço nos campos mencionados levaria necessariamente ao progresso da relação entre os homens, sustentáculo principal da civilização, observação que podemos articular com o pensamento de Walter Benjamin acerca da situação mundial, quando nos apresenta ao Anjo da História, referido a um desenho de Paul Klee de 1920, *Angelus Novus*.

No caso da guerra de 1914, a Primeira Guerra Mundial, e das que vieram na sua esteira, deu-se justamente o contrário – todo o desenvolvimento científico-tecnológico, ao mesmo tempo em que aumentou o poder de proteção diante das forças da natureza e ampliou a capacidade do homem de criação de conforto e bem-estar, aumentou simultaneamente o poder de destruição entre os homens. O caminho trilhado pela população da Europa do início do século 20 foi o segundo.

Ao tecer suas considerações sobre a guerra e a morte, Freud articulou dois eixos temáticos fundamentais – a violência e a categoria do mal nos fenômenos coletivos – e os relacionou à atitude do sujeito do inconsciente para com a morte. A realidade da violência e da crueldade dos acontecimentos que o rodeavam, o desmoronamento do mandamento *Não matarás*, enquanto dique e garantia da preservação da vida do outro, demonstrava como a atitude de descartar uma vida humana foi se tornando cada vez mais fácil e banalizada, do que hoje estamos mais certos ainda.[5]

O retorno da barbárie ao seio das nações civilizadas deveu-se à restauração de uma figura toda poderosa, encarnação da onipotência equivalente à do pai da horda, tal como narrado em *Totem e Tabu* – a teoria psicanalítica da origem da cultura. Esse mito das origens é retomado sempre que Freud trata da questão, no qual a figura de um legislador único, dotado de todo o poder, é assassinado pelos seus filhos para posteriormente despertar neles a nostalgia pela proteção e a culpa pelo assassinato. Assim, o ato assassino que faz desaparecer o legislador absoluto se constitui como a origem da filiação, da fratria e da sociedade. Em outros termos, a civilização humana é tecida com as malhas da barbárie e se funda em oposição a ela, inscrevendo-se no núcleo de um pacto civilizatório. Mais tarde, nesse lugar, instalou-se o Supereu, instância legiferante e interditora que, dependendo do grau de conflito com o Eu, varia no seu grau de severidade podendo fazer ressurgir a violência e a crueldade que deveria barrar. "Na base do mal-estar está a nostalgia da figura do pai levando à produção da barbárie e sua reprodução no campo civilizado revelando sua face negra e grotesca".[6]

Essa figura, quando de seu retorno, cuja presença se constitui em causa imediata do declínio da função paterna, Freud a identificou com o Estado. O poder soberano do Estado toma para si as mais formidáveis conquistas científicas e técnicas, e, travestido da máscara do amor, facilita todos os atos de violência contra os inimigos e a desumanização do outro, ao permitir que a destrutividade se expanda plenamente.

Freud deixou muito claro em seu texto que, na vigência da soberania da figura do Estado, aquilo que estava sob a determinação da lei passa da exceção à regra e rompe com todos os preceitos legais, situando-se acima (fora) da lei, que até então constituiu a garantia do processo civilizatório. A partir daí encarou sua decepção, quando constatou que os esforços culturais na História não foram suficientes para consolidar um pacifismo que superasse a discórdia, a segregação e a destruição dos pactos sociais cuja expressão maior, no plano coletivo, é, sem dúvida, a guerra.

Nesse sentido, a Primeira Guerra Mundial, contexto histórico que deu origem ao discurso freudiano sobre guerra, morte e transitoriedade, foi um sinal de alarme que não se fez ouvir, uma vez que foi seguida de perto pela catástrofe ainda mais cruel, que foi a ascensão dos tempos sombrios do fascismo e do nazismo, seus efeitos e consequências que consideramos permanentes, pois o ultraje e o aniquilamento foram além da morte concreta. O início dos anos 1920 já anunciava a ascensão do nazifascismo em Viena, encontrando Freud cada vez mais imerso em temas que articulavam suas descobertas na clínica psicanalítica com os fenômenos que se alastravam no campo da cultura e da política. Desde *Além do princípio do prazer* até *Moisés e o monoteísmo*, passando pela *Psicologia das massas* e *análise do eu* e *O mal-estar na cultura*, ele dedicou-se a investigar a destrutividade e o mal, os conflitos entre o amor e o ódio, além da segregação que acabou por levar, sem que ele estivesse vivo para saber, ao extermínio de milhões de pessoas.

EP&HV: Antissemitismo, homofobia, misoginia, racismo e tantas outras formas de preconceito: esse ódio é um componente estrutural do ser humano?

MK: O recalque da agressividade, questão que norteou Freud a respeito do custo que a civilização tem para o homem, está presente em sua reflexão sobre a guerra, o mal-estar na cultura, bem como na sua famosa resposta a Albert Einstein que, sem dúvida, é um dos seus mais consistentes pronunciamentos sobre o problema da agressividade, destruição e violência na vida entre os seres humanos e os grupos sociais. Einstein, em longa carta escrita em agosto de 1932 sobre os motivos que levam os homens à guerra, lança a Freud duas questões: "Existe alguma forma de livrar a humanidade da ameaça de guerra?"; "É possível controlar a evolução da mente do homem, de modo a torná-lo à prova das psicoses do ódio e da destrutividade?"

Em sua resposta, Freud concordou com Einstein em que, para pensar – a partir da psicanálise – em como "proteger a humanidade da maldição da guerra", era necessário começar por entender a relação entre a Lei e o Poder. Para tal, desenvolveu um raciocínio cujo objetivo era demonstrar como a Lei é, na realidade, uma transformação da violência podendo, portanto, retomar sempre sua forma primitiva. Ao indagar-se sobre as origens (causas?) do pacifismo de alguns, Freud estabeleceu uma distinção entre poder e violência, fundamental para a compreensão de sua última teoria pulsional. A partir dessa reflexão, produziu uma proposta para a preservação da paz na cultura, que entendemos como a retomada das teses de psicologia das massas sobre a união dos indivíduos na identificação com um ideal.

Acompanhemos seu raciocínio: "É, pois, um princípio geral que os conflitos de interesses entre os homens são resolvidos pelo uso da violência".[7] Mas por que a violência se tornou esse princípio geral de resolução de litígio entre os homens e instrumento para arbitrá-lo? Freud respondeu a essa questão afirmando a necessidade de uma instância suprema, que seria dotada do direito e do poder de arbitrar todos os conflitos de interesses. As instâncias supremas para Freud seriam o Direito e a Lei que, um dia teriam sido produto da violência, da força de um ser único sobre os demais membros da horda.

Surgiram duas novas condições – a primeira teria sido a união de diversos indivíduos fracos numa força comunitária que transformou a violência em Lei e Direito. A segunda seria a necessidade de que a união fosse estável e duradoura, o que criou a exigência de vínculos emocionais, identificação entre os membros da comunidade, derivadas do amor ao líder ou ideal do eu, segundo suas teses em *Psicologia das massas e análise do eu*. Dessa forma, parece haver uma dupla face da inscrição da violência – a que entra a serviço da preservação da comunidade e da vida cultural e não apenas a de um desejo de fazer sofrer ou de matar o semelhante, deixando de ser pura impulsão irracional para a destruição para se transformar também na Justiça, isto é, o meio pelo qual os indivíduos passaram a instaurar a Ordem Simbólica.

O modo como Freud se engajou no questionamento incitado por Einstein o conduziu a uma sistematização crítica contundente da cultura a partir da sua própria perspectiva teórica. Finalmente, articulou a terrível página da história aberta na sua pátria a uma nova posição diante da vida e da morte. O estudo da violência, que aparece nesse seu trajeto, desde sua definição como instrumento imprescindível à organização social por fazer parte da agressividade pulsional dos homens até sua definição como domesticável pela ação da civilização, deu lugar a uma nova dimensão da teoria das pulsões, um novo dualismo a partir da introdução no corpo teórico de uma pulsão de morte.

Freud então reformulou, praticamente inverteu, a pergunta que havia inaugurado a correspondência entre ele e Einstein, ao indagar: "Por que a paz? Por que o senhor, eu e tantas outras pessoas nos revoltamos tão violentamente contra a guerra?"

Uma vez aceito que a constância e a irredutibilidade da pulsão de morte – a pulsão por excelência – é silenciosa e se apresenta fusionada com a pulsão de vida sob a forma de destrutividade, Freud dedicou-se a responder a Einstein sobre as condições e os destinos da violência e da paz, esclarecendo alguns pontos que consideramos extremamente importantes nessa carta que, sem dúvida, é um de seus textos mais significativos sobre o tema.

A existência de uma espécie de "pulsão de paz" criada socialmente, condicionada por um fortalecimento do intelecto e capaz de governar a vida pulsional e a internalização dos impulsos agressivos, com todas as suas consequentes vantagens e perigos, foi a sua resposta conclusiva.

> Nós, os pacifistas, temos uma intolerância constitucional à guerra, digamos, uma idiossincrasia exacerbada no mais alto grau. Realmente, parece que o rebaixamento dos padrões estéticos na guerra desempenha um papel dificilmente menor em nossa revolta do que as suas crueldades. [...] tudo o que estimula o crescimento da civilização trabalha simultaneamente contra a guerra.

A proposta a respeito das condições geradoras de homens pacifistas, tanto no que se refere ao avanço da ciência quanto a uma ética e uma estética a favor da cultura, pode ser interpretada como uma referência ao mecanismo da sublimação. Ela é a única das vicissitudes da pulsão que atende diretamente à exigência de satisfação ao mesmo tempo individual e cultural, por visar ao bem individual e ao bem comum. Essa capacidade sublimatória, destino pulsional entendido como barreira contra o gozo é, para Freud, um dos recursos do homem na criação das condições geradoras da paz.

A conclusão que extraímos da correspondência entre Freud e Einstein, apesar da aparente incoerência que em certos momentos ameaça nos confundir, é que pulsão de morte não significa necessariamente violência que desemboca na guerra, mas que ela pode perfeitamente coexistir com a possibilidade de o homem desejar a paz.

É preciso saber diferenciar o fenômeno da repetição da violência na esfera das relações humanas e suas razões, da destrutividade própria à pulsão de morte de que fala Freud, ao abordar o custo da civilização para o homem. Quando a violência é definida apenas como agressividade e equiparada a uma pulsionalidade, essa termina por ser banalizada e, por isso mesmo, justificada e perpetuada e, o que é mais grave, tendo como suporte uma utilização deturpada da teoria freudiana, nesse caso empregada de forma selvagem. Nossa hipótese é de que a utilização do conceito de pulsão de morte, para fazer da violência um destino naturalizado do homem, não contempla o conjunto nem a lógica da obra freudiana.

EP&HV: Aumento de grupos neonazistas, banalização de gestos e discursos neonazistas, ameaças a indivíduos e grupos. A psicanálise tem algum papel a desempenhar no enfrentamento dessa realidade?

MK: Inúmeras leituras psicanalíticas das diversas formas de violência e dos abusos cometidos pelos diferentes regimes totalitários os interpretaram como sendo precipitados da pulsão de morte e prova empírica de sua existência, o que nos parece constituir um grande e lamentável equívoco. Embora Freud tenha removido o antagonismo entre psicologia do indivíduo e do grupo, não deixou de alertar quanto à aplicação do conhecimento do funcionamento psíquico de um indivíduo aos fenômenos sociais, como os da violência e crueldade que se manifestaram na vigência do regime nazista, fascista, e tantos outros extremos que seguem presentes no século 21. Isso seria um estudo psicológico, na melhor das hipóteses.

É possível concluir que pulsão de morte não significa necessariamente violência e destruição como mal absoluto, podendo perfeitamente coexistir com a possibilidade de o homem desejar, ou apenas tolerar, o Outro na radicalidade de sua diferença (paz). A violência ou a crueldade exercida sobre o Outro, o gozo com a exploração ou a destruição do Outro não são absolutamente irracionais, como bem o demonstra a história, incluindo a história recente entre nós. Não é possível, portanto, derivar da teoria das pulsões, principalmente da pulsão de morte, ou da positividade da destrutividade, como alguns prefiram chamar, uma violência que, frequentemente, é admitida com tanta certeza como o é a mortalidade.

Desde o início da criação da Psicanálise, Freud introduziu a figura da morte em seus escritos, porém somente em 1920, em *Além do princípio do prazer*, ela recebeu um estatuto teórico, provocando uma inversão na concepção freudiana do movimento pulsional, até que, em 1930, foi ainda mais longe ao se dedicar a pensar a destruição no âmbito da cultura. O deslocamento da concepção de autoengendramento da vida (instalação automática do princípio do prazer) para uma concepção da vida como uma conquista (a instalação do princípio do prazer não é automática) estabeleceu novas condições. Em outras palavras, a vida não pode ser compreendida apenas como própria à constituição do sujeito, pois depende do investimento do Outro e esse só pode se realizar no contexto, no tempo e na cultura que lhe servem de berço e de todos aqueles que o antecederam e lhe dão suporte.

As consequências dessa reformulação teórica de Freud seguem abrindo campo para novas questões e certamente merecem ser pesquisadas, na clínica e na cultura. A violência contra o outro, seja quem for e por que razão for, ao ser equiparada a uma pulsionalidade, pode cair na banalização e gerar atuações perversas que se perpetuam, e a teoria psicanalítica passa a ser utilizada de forma deturpada para justificá-la, podendo ser empregada de forma selvagem, o que é lamentável.

Tentar evitar a ambiguidade da utilização do conceito de pulsão de morte é fundamental. Trata-se de figura silenciosa e invisível, pulsão sem representação, que é constitutiva do sujeito tanto quanto a pulsão sexual. A leitura da agressividade como pulsional é também garantia de vida e criação do novo. Por outro lado, a destrutividade e a violência, que têm o outro como destinatário, estudadas à luz da fusão pulsional e do narcisismo das pequenas diferenças, estão contidas em suas possibilidades, em sua estrutura. Se são as que se repetem com mais frequência, podemos nos associar àqueles que voltam a indagar: Por que a violência? Por que tanta destruição? Manter viva essa diferença, essa indagação é extremamente importante para o estudo sobre a transmissão entre as gerações.

É justamente por sabermos que Freud enunciou a inexistência de uma diferença estrutural entre o campo do indivíduo e o campo do social que podemos afirmar com segurança que o que importa é pensar no modo como o sujeito, que é sempre o sujeito da pulsão, se inscreve num determinado tempo e contexto simbólicos, que o recebem e investem seu corpo, e que para viver tem que ser ocupado pelo desejo do Outro, herdeiro de uma transmissão que lhe é concedida pela ordem social.

Lembremos que o ovo da serpente, já no início dos anos 1930, anunciava o fim do mundo civilizado, tal como era conhecido até então, dando lugar não só à segregação preponderantemente antissemita, como também a uma destrutividade racional, isto é, uma destrutividade pensada, premeditada, cientificamente planejada e executada em escala industrial, contra o corpo do próximo, e que acabou por abrir caminho à Solução Final Genocida. Além disso, revelou-se, em escala e formas nunca sequer imaginadas, a capacidade que o ser humano tem de ser totalmente indiferente ao sofrimento do outro, a ponto de concordar que ele deva ser eliminado apenas por ser Outro.

EP&HV: Como conviver com a repetição das ideias de destruição? Você pode falar sobre o conceito de Hannah Arendt a respeito de "compreensão", que tantos mal-entendidos causou?

MK: A comprovação da capacidade destrutiva do homem e da sua indiferença merece ser destacada quando tentamos compreender os horrores perpetrados pelo homem "civilizado" na vida cotidiana do Ocidente, no século 20 e que se estendem ao 21. Hannah Arendt, judia nascida na Alemanha, de onde fugiu em 1933, exilou-se em Nova York desde 1941. No tempo de suas reflexões iniciais, Freud acabara de descobrir o inconsciente e "acertava suas contas com o conformismo" de uma sociedade que nada queria saber da sexualidade nem da maldade que habita os homens desde a mais tenra infância.

Quando, durante o período entre as duas guerras mundiais, Freud alertou para o perigo iminente, antecipou também a possibilidade de os homens provocarem uma nova catástrofe, que apenas alguns anos mais tarde viria a se concretizar e manifestou seu temor a respeito dos destinos da destrutividade do homem.

> Se uma cultura não foi além do ponto em que a satisfação de uma parte de seus participantes depende da opressão da outra parte, parte esta talvez maior – e este é o caso em todas as culturas atuais – [...] uma civilização que deixa insatisfeito um número tão grande de seus participantes e os impulsiona à revolta, não tem nem merece a perspectiva de uma existência duradoura.

Em sua luta constante contra a opressão e o preconceito, ao analisar o contexto da *Shoá*, Arendt se esforçou em "compreender" os fatos ultrajantes:

> Os acontecimentos políticos do século 20 atiraram o povo judeu no centro do turbilhão de eventos; a questão judaica e o antissemitismo, fenômenos relativamente sem importância em termos de política mundial, transformaram-se em agente catalizador, inicialmente, da ascensão do movimento nazista e do estabelecimento da estrutura organizada do Terceiro Reich, no qual todo cidadão tinha de provar que não era judeu ou descendente de judeus e, em seguida, de uma guerra mundial de ferocidade nunca vista, que culminou, finalmente, com o surgimento do genocídio, crime até então desconhecido em meio à civilização ocidental. Creio ser óbvio que isso exige não apenas lamentação e denúncia, mas também compreensão.

"O essencial para mim é compreender, eu preciso compreender", foram as palavras de Arendt que, armada de sua própria escolha, fez nascer um sentido onde leu o que outros escreveram e falaram. E quando se trata de focalizar a *Shoá*, resultado do antissemitismo nazista que marcou a humanidade com uma das mais trágicas páginas de sua história, a compreensão consiste em uma atitude específica diante do acontecido, Arendt acrescenta:

> Compreender não significa negar o ultrajante, subtrair o inaudito do que tem precedentes ou explicar fenômenos por meio de analogias e generalidades tais que se deixa de sentir o impacto da realidade e o choque da experiência. Significa antes examinar e suportar o fardo que os acontecimentos colocaram sobre nós – sem negar sua existência nem vergar humildemente a seu peso, como se tudo que de fato aconteceu não pudesse ter acontecido de outra forma. Compreender significa, em suma, encarar a realidade, espontânea e atentamente, e resistir a ela – qualquer que ela seja, venha a ser ou possa ter sido.

Os crimes contra a humanidade (termo criado em 1945 para diferenciar os crimes nazistas dos crimes comuns e de guerra) que se sucederam durante e depois da Segunda Guerra Mundial – Armênia, Hiroshima, Nagasaki, Bósnia, Kosovo, Iraque, Ruanda, Camboja, Vietnam, Ucrânia e, lamento incluir, Brasil – não cessam de nos mostrar que a "compreensão" convocada por Arendt e o "estudo sereno da alma humana" proposto por Primo Levi, careceram de seguidores suficientes. Ao mesmo tempo, não cessam de confirmar as teses freudianas a respeito do custo que a inclinação para a agressividade tem para os homens gerando questões importantes quanto aos conteúdos psíquicos transmitidos de uma geração para outra.

Nossa perplexidade repete-se ao constatar que homens e nações podem matar sem que a civilização os censure de modo efetivo. A hipótese que sustentamos consiste em pensar que os horrores da Segunda Guerra

Mundial, os crimes que se manifestam no significante Auschwitz, marcaram não só a geração que a viveu, como continuam a marcar as gerações seguintes de uma forma particular. Isso se deve à incapacidade dos sobreviventes da *Shoá* de romperem o silêncio que se instalou desde a incidência das vivências traumáticas, durante um longo tempo entre todos aqueles que as viveram, impedindo o reconhecimento e a resolução das feridas traumáticas sofridas e infligidas. E quando digo todos, não me refiro apenas às vítimas, mas ao silêncio dos mortos — as verdadeiras testemunhas — e dos sobreviventes: torturados e torturadores, vítimas e algozes. Sem a compreensão reivindicada por Arendt e sem a quebra do silêncio, permanece a repetição.

EP&HV: Por que usar a palavra *Shoá* e não Holocausto?

MK: Não são poucos os historiadores, escritores, cientistas políticos que afirmam que a ofensa sofrida pela geração perdida nos anos sombrios da guerra é de natureza insanável e contagiosa, deixando sequelas que comprometem inclusive o futuro.

Quero enfatizar o significado de *Shoá*, em hebraico, catástrofe. Catástrofe, do grego *kata-strophé*, significa literalmente "virada para baixo", podendo ser entendido como desabamento ou desastre, ou o mesmo que o hebraico *Shoá*. No francês, *catastrophe* significa derrubamento, desabamento; ruína, desordem; submissão; conquista; desenlace, desfecho, fim; fim da vida, morte. Portanto, não se trata de um Holocausto, termo que vem do grego e significa sacrifício, evitando o sentido do que não considero um acontecimento histórico ultrapassado a partir da derrota dos nazistas no campo de batalha, pois permanecem as marcas dos campos de concentração e de extermínio, aquilo que a humanidade viu deles emergir. Trata-se de um alerta para certos fenômenos, especialmente a segregação e o racismo, que se tornaram cruciais na nossa época e no atual estágio de predomínio do discurso da ciência.

É nessa mesma linha de reflexão que sustento a hipótese de que os horrores da Segunda Guerra Mundial, os crimes denotados pelo significante Auschwitz, marcaram não só a geração que a viveu, como continuaram a marcar as gerações seguintes, de uma forma particular, quer se pense nas vítimas – judeus, ciganos, comunistas, homossexuais, aleijados, doentes mentais, deformações –, quer nos algozes – alemães e seus aliados explícitos e colaboradores nem sempre explícitos, bem como seus descendentes. Ao nos colocarmos diante da tentação fácil de estabelecer uma oposição sumária entre vítima e carrasco, é preciso sermos cautelosos, do mesmo modo que quando se quer tratar desse episódio dantesco da história, como concernente somente a alemães e judeus, ou o extermínio dos armênios (1915) somente aos turcos.

Considerar a *Shoá* como sendo propriedade dos judeus, como tema a ser testemunhado e preservado pelos sobreviventes e legado a seus descendentes, é certamente um grande equívoco. Reduzir esse acontecimento a um trauma particular de um povo, que na melhor das hipóteses, desperta a compaixão dos demais ou, como escreve Zygmunt Bauman, "explicar o crime pela sua germanidade é um exercício que absolve todos os demais, e, em particular, tudo o mais nele envolvido". Além disso, mantém confinada ao silêncio a mensagem contida na *Shoá* a respeito das "instituições que nos protegem", das "leis" que obedecemos e dos modelos de conduta e relacionamento que aprendemos a considerar como sendo "normais".

A Indústria do Extermínio foi montada pela Alemanha nazista para marcar e extinguir aquele que, paradoxalmente, funda a própria possibilidade da existência da massa nazista – o Judeu, o radicalmente estrangeiro, aquele que vive nas fronteiras, o Outro irredutível da comunidade de idênticos. Seis milhões de judeus europeus foram exterminados entre 1938 e 1945. No entanto, segue Zygmunt Bauman, os judeus não foram os únicos marcados como excluídos da nova ordem instaurada por Hitler, os alemães não foram os únicos perpetradores e nem aquele tempo foi o único afetado pela tragédia.

> O Holocausto nasceu e foi executado na nossa sociedade moderna e racional, em nosso alto estágio de civilização e no auge do desenvolvimento cultural humano e, por essa razão, é um problema dessa sociedade, dessa civilização e dessa cultura.

A crônica dos genocídios no mundo contemporâneo mantém-nos na órbita da *Shoá* e de suas consequências para além da singularidade histórica. Por isso mesmo, ainda segundo Bauman, o esquecimento ou a indiferença face à memória histórica da *Shoá* "é um sinal de perigosa cegueira, potencialmente suicida". Afinal, a invenção dos campos de extermínio, do assassinato em escala industrial, com sua complexa engenharia química e civil, apoiada por inúmeras empresas mundiais fornecedoras de "materiais", foi e continua sendo o evento crucial do século 20.

Eric Hobsbawm nos advertiu que a "Era de Catástrofes" que culminou na "maior de todas as escolas de barbárie, a Segunda Guerra Mundial" deixou atrás de si um "depósito escuro de crueldade e violência, e um conjunto significativo de homens experientes em ambas e apegados a ambas". Portanto, não devemos subestimar a disposição de aprender, até mesmo com os campos de concentração, ao reconhecermos a repetição do que neles foi aprendido e ao tomar conhecimento das experiências genocidas divulgadas, e hoje assistidas online e integradas ao cotidiano sem mais despertar indignação.

O final do século 19, com o extermínio do povo armênio pelos turcos, antecipou o que viria junto do novo século. Caracterizou-se pela introdução da xenofobia de massa, da qual o racismo tornou-se a expressão mais vulgar e a catástrofe humana desencadeada pela Primeira Guerra Mundial, seguida pela Segunda – que deu sequência à escalada da violência e sua repetição na história da humanidade –, fez com que o mundo aprendesse a conviver com "a matança, a tortura e o exílio em massa" como experiência cotidiana banal, à qual hoje se assiste com indiferença.

O impacto humano e os custos dele decorrente foram de tal ordem que podemos perceber suas sequelas na atualidade, observando com desgosto a crescente brutalidade e desumanização que imperou no século 20 e se estende ao século 21 com a ascensão do barbarismo e da crueldade exercida de forma cada vez mais impessoal, distanciada do seu objeto e trivializada na vida rotineira da sociedade civil.

Somos obrigados a reconhecer que a dor lancinante, originada em cada um dos eventos citados, atingiu o humano, reproduziu e segue se reproduzindo em várias gerações. Como registrou o escritor mexicano Otavio Paz, destruição que não atingiu só o passado, se declinou também no futuro da cultura do século 20, que é o nosso presente.

EP&HV: No caso do assassinato, em Sergipe, em 25 de maio de 2022, de Genivaldo de Jesus Santos, doente mental, negro, asfixiado dentro de um carro policial, houve quem falasse em crime similar aos nazistas. Você vê alguma ligação entre os dois?

MK: A agenda nazista era de extermínio em escala industrial, a partir de um planejamento racional de instrumentalização de pessoas e maquinário para proceder ao que foi considerado limpeza étnica, nunca antes realizada.

Se considerarmos a disciplina e a meticulosidade da organização e método dos nazistas no exercício de seu projeto de extermínio – o que pode ser comprovado pela vasta documentação encontrada ao fim da guerra, e nem a sua totalidade foi revelada ainda –, todos aqueles que adotaram a ideologia de Hitler – e não foram apenas alemães e poloneses – participaram das condições que levaram aos programas de purificação da raça até a Solução Final. É sempre motivo de espanto que muitas das pessoas que organizaram e chefiaram esse projeto eram fruto de educação, instrução e cultura do mais alto nível, além de exercerem a paternidade de forma exemplar.

Tenho que me reportar ao conceito que Hannah Arendt criou após o julgamento de Adolf Eichmann, quando percebeu que o mais grave era constatar que existem muitos homens como ele, nem perversos, nem psicóticos, nem portadores de alguma irracionalidade incompreensível, nem monstros. Pelo contrário, tratava-se de pessoas normais, cultas e nos postos-chave, com formação universitária do mais alto nível.

No Brasil, observamos uma constante aproximação dos membros do atual governo com figuras, símbolos, atitudes e linguagem nazista, sem que haja uma barreira eficaz contra esse movimento. A lei brasileira considera qualquer discriminação racial um crime, mas mesmo assim a tolerância e a indiferença propiciam o crescimento das várias formas de segregação e discriminação.

Há uma constante tentativa de explicar as aberrações que se dão no atual governo através de uma aproximação com o nazismo e o fascismo. Pelo menos assim é descrito na mídia e na oposição, como se estivéssemos diante de um processo de instalação de um retrocesso a essa fase. Entendo que as razões mais do que justificadas da oposição a Bolsonaro levam a explicações para desacreditá-lo e diabolizá-lo, associando-o ao nazifascismo. A comparação estabelece-se a partir da percepção da destrutividade e a impunidade que lhe corresponde desde antes de sua candidatura à presidência. Destrutividade crescente que gera violência, crueldade e ataque às leis democráticas.

Genivaldo, segundo noticiado, foi colocado na mala do carro pelos policiais rodoviários federais que nela detonaram bombas de gás. Muitos outros brasileiros, de todas as partes do país, são vítimas da violência policial há tempos, a bem dizer da violência de Estado, que deveria lhes assegurar o direito à vida. Outras formas da mesma brutalidade assassina estão presentes em nossa sociedade há décadas e não foram consideradas neonazistas. O crescimento vertiginoso dessa crueldade sob a batuta de Bolsonaro não se dá em campos de concentração com fornos crematórios, ou em regime de partido único, opressão total de livre expressão e outras características conhecidas dos regimes totalitários. Mais se parece ao populismo autoritário antiliberal, antidemocrático, com culto ao chefe que lidera as massas que o constituíram em Ideal, que explora as formas democráticas para melhor poder destruí-las e que conta, para o exercício do poder, com uma complacência e uma passividade que chegam às raias da omissão. Mais uma vez o silêncio colabora com o horror.

Existem inúmeras formas de assassinato e de processos de destruição e, como bem o demonstram os principais noticiários, estamos assistindo a várias delas. Entre outras, a guerra contra a escolaridade e educação das crianças, a falta de incentivo às pesquisas científicas e às políticas públicas que favoreçam a entrada na universidade, o ataque aos sistemas de saúde e à preservação da vida, como se viu durante a pandemia da covid-19, a tentativa de incluir a psicanálise em uma regulamentação subordinada à classe médica e de reintegrar o sistema manicomial.

EP&HV: A psicanálise brasileira tem realizado abordagens, clínicas ou políticas, para atender ao coletivo?

MK: Desde a época da construção da psicanálise, foram implantadas clínicas de atendimento gratuitas e públicas nas cidades europeias onde a psicanálise se desenvolvia, saindo dos consultórios privados para alcançar populações mais vulneráveis que necessitavam da proteção da saúde pública. A história dessa empreitada dos primeiros psicanalistas formados por Freud é narrada no livro *As clínicas públicas de Freud: psicanálise e justiça social, 1918-1938* (2005), de Elizabeth Ann Danto.

No Brasil, as diferentes Sociedades de Formação Psicanalítica e Faculdades de Psicologia criaram clínicas sociais de atendimento a todos que buscam amenizar o sofrimento psíquico. Elas mantêm um diálogo constante com o grande público através de palestras, canais de YouTube, podcasts, Instagram e inúmeras publicações que visam a analisar situações que atingem a todos. Desde 2018 a necessidade de atendimento expandiu-se, tanto por razões políticas quanto de saúde pública. No trabalho dos grupos, das instituições e da clínica, observa-se que todos operam contra o ódio e a dissolução dos laços sociais, contrapondo-se aos valores de extrema direita e nazifascistas que tentam esgarçar o tecido social que sustenta a democracia [Ver o texto de abertura do portal "Psicanalistas em defesa da Democracia" (https://psicanalisedemocracia.com.br/)].

REFERÊNCIAS BIBLIOGRÁFICAS:

AGAMBEN, G. *Homo Sacer o Poder Soberano e a Vida Nua I*. Belo Horizonte: Editora UFMG, 2014.

BAUMAN, Z. *Modernidade e Holocausto*. Rio de Janeiro: Jorge Zahar, 1998.

BIRMAN, J. Nas Fronteiras da Barbárie. Uma leitura genealógica do discurso freudiano. In: ROSENFIELD, D.; Mattei, J. F. (eds.). *O Terror Filosofia Política*. Série III, n. 4, Rio de Janeiro: Jorge Zahar Editora, 2002.

COSTA, J. F. *Violência e psicanálise*. 2. ed. Rio de Janeiro: Graal, 2021.

FREUD, S. *Edição Standard Brasileira das Obras Psicológicas Completas de Sigmund Freud*. Rio de Janeiro: Imago Editora Ltda, 1980.

FREUD, S. *Psicologia das massas e análise do eu*, 1921.

FUKS, B. B. *Freud & A Cultura*. Rio de Janeiro: Jorge Zahar Ed., 2003.

GARCIA-ROZA, L. A. *Introdução à Metapsicologia Freudiana*. Rio de Janeiro: Jorge Zahar Editor, 1993. 3 v.

HOBSBAWM, E. *Era dos extremos. O breve século XX*. 1914-1991. São Paulo; Companhia das Letras, 2003.

SOUKI, N. *Hannah Arendt e a banalidade do mal*. Belo Horizonte: Editora UFMG, 1999.

(Neo)nazismo, um risco atual.
Por que? onde? como?

EDIÇÃO
Adriana Maciel

PRODUÇÃO EDITORIAL
Marina Lima

PROJETO GRÁFICO
Dupla Design

REVISÃO
Laryssa Fazolo

APOIO
Museu Judaico do Rio de Janeiro

(Neo)nazismo, um risco atual: Por que? onde? como? /
organizado por Eliane Pszczol, Heliete Vaitsman.
Rio de Janeiro : Numa Editora, 2022.

ISBN 978-65-87249-87-2

256 p. : il. ; 14cm x 20cm

1. Ciências políticas.
2. (Neo)nazismo.
I. Pszczol, Eliane. II. Vaitsman, Heliete. III. Título.

2022-3731 CDD 320
CDU 32

Elaborado por Vagner Rodolfo da Silva - CRB-8/9410

Índices para catálogo sistemático:
1. Ciências políticas 320
2. Ciências políticas 32

numa

contato@numaeditora.com
@numaeditora
numaeditora.com

Este livro foi
composto
em Giorgio
Sans (títulos)
e Margem
(textos) e
impresso em
papel Pólen
Bold 90g, para a
Numa Editora,
em 2022.

(NEO)NAZISMO,